Islam

Ernst Klett Schulbuchverlag Leipzig
Leipzig Stuttgart Düsseldorf

Impressum

Autoren:

Prof. Dr. Dr. Peter Antes
Manfred Pöpperl

Dieses Heft folgt der reformierten Rechtschreibung nach dem Duden, soweit dem nicht Einsprüche von Autoren und Verlagen entgegenstehen.

9 783126 911511

1. Auflage A 1 5 4 3 2 1 | 2006 2005 2004 2003 2002

Alle Drucke dieser Auflage können im Unterricht nebeneinander benutzt werden, sie sind untereinander unverändert. Die letzte Zahl bezeichnet das Jahr dieses Druckes.

Internetadresse: http://www.klett-verlag.de

Umschlaggestaltung: TOUMAart Leipzig
Druck: Konradin Digitaldruck GmbH

ISBN: 3-12-691151-X

Inhaltsverzeichnis

Vorwort

Hinduismus, Buddhismus, Judentum, Christentum und Islam – die Welt der Religionen ist vielfältig. Bereits für die großen Weltreligionen lässt sich keine genaue Zahl nennen, die Frage ist umstritten, ob es die hier aufgezählten fünf Religionen sind oder ob man noch andere nennen müsste wie z. B. die Religion der Parsen/Zoroastrier, der Sikh oder der Bahai. Zählt man noch die anderen Religionen wie etwa die Stammesreligionen, die Religionen der Indianer oder die sogenannten neuen Religionen und religiösen Bewegungen hinzu, so kann niemand mehr sagen, wieviele Religionen es weltweit gibt bzw. gegeben hat. Religionen kommen und gehen, nur wenige haben Jahrhunderte bzw. Jahrtausende überdauert. Dennoch haben sie alle das Denken und Handeln ihrer Anhänger sehr entscheidend geprägt und tun dies bis heute. Nach wie vor haben die großen Religionen der Welt einen bedeutenden Einfluss nicht nur auf ihre Anhänger, sondern sie haben sogar ganze Kulturkreise geprägt. Unabhängig, ob wir selbst einer dieser Religionen angehören und uns durch sie haben prägen lassen oder nicht, ist ihr Einfluss in allen Kulturkreisen spürbar. Von daher ist es unerlässlich, dass wir uns zumindest über die großen Weltreligionen informieren und uns mit ihnen auseinandersetzen. Diesem Zweck soll die Reihe »THEMA WELTRELIGIONEN« dienen.

Im Hinblick auf den weltanschaulich neutralen Ansatz des Ethikunterrichtes soll dabei weder Werbung für eine der Religionen betrieben noch die Kritik an ihr in den Mittelpunkt gestellt werden. Vielmehr soll sachlich informiert und dadurch ein Gespräch mit den Anhängern dieser Religionen ermöglicht werden. Zu einer sachlichen Darstellung gehört es, dass man die Religion durch ihre Vertreter selbst zu Wort kommen lässt, die Begründungen und Positionen der Religion zur Kenntnis nimmt und nicht vorschnell von außen urteilt und aburteilt. Um dies zu gewährleisten, stammen viele Texte in den Heften von Menschen der jeweiligen Religionen selbst, andere Texte sind von außenstehenden Fachleuten geschrieben worden, die Entwicklungen oder Erscheinungsformen der jeweiligen Religion besonders gut beschreiben oder neue Gesichtspunkte einbringen, die für die Diskussion wichtig sind. Ziel ist es deutlich zu machen, dass die Denkvorstellungen und Handlungsanweisungen der einzelnen Religionen in sich logisch, nachvollziehbar und verständlich sind, wenn man die Grundvoraussetzungen, von denen die jeweilige Religion ausgeht, akzeptiert hat. So wird deutlich, dass nicht alles, was unserem Denken widerspricht oder von dem abweicht, was wir selbst für selbstverständlich halten, unlogisch oder unvernünftig ist, sondern durchaus nachvollziehbar wird, sobald man sich auf fremdes Denken einlässt. Dies soll hier eingeübt werden, um das Denken und Handeln anderer Menschen und Völker nachvollziehen und verstehen zu können. Die moderne Rede vom religiösen Fundamentalismus weist darauf hin, dass diese Denkunterschiede Konsequenzen bis in den politischen Alltag hinein haben und das Zusammenleben der Menschen erschweren bzw. – im umgekehrten Falle – auch erleichtern und fördern können.

Um Vergleiche zwischen den einzelnen Religionen zu ermöglichen und zu erleichtern, haben alle Hefte der Reihe »THEMA WELTRELIGIONEN« weitgehend einen parallelen Aufbau. Nach einem Einführungskapitel, das einige Schlaglichter auf die betreffende Religion zu werfen versucht, folgt im 2. Kapitel eine ausführliche religionskundliche Darstellung, in der die Verbreitung, das Erscheinungsbild, die Feste und Riten, die Entstehung, die Geschichte und die Grundpositionen der Religion vorgestellt werden. Das 3. Kapitel fragt sodann nach der ethischen Lehre der Religion und ihrem Beitrag zu den drängendsten Fragen der Menschheit: Lebensgestaltung, Zusammenleben, Sorge für die Umwelt, Krieg und Frieden. Das 4. Kapitel stellt besondere Aktivitäten, Ausstrahlungen und Probleme der jeweiligen Religion heraus. Außerdem konzentriert sich das letzte Kapitel auf die Rolle und Bedeutung der jeweiligen Religion in Europa und insbesondere in Deutschland, um deren unmittelbare Relevanz für unser Zusammenleben mit Menschen verschiedenen Glaubens anzusprechen.

Alle, die an der Erstellung der einzelnen Hefte mitgewirkt haben, verbinden mit ihrer Darstellung die Hoffnung, in gleicher Weise zum besseren Verständnis der großen Weltreligionen und ihrer weltweiten Bedeutung wie zum besseren Verstehen zwischen Menschen unterschiedlicher Religion und Kultur in Deutschland beizutragen. Dies heißt konkret, dass sowohl globale Zusammenhänge wie lokale Gegebenheiten in den Blick kommen und auf diese Weise alle Jugendlichen, die diese Hefte benutzen, ebenso auf Begegnungen mit Menschen in anderen Ländern wie auf zukünftige Weisen des Zusammenlebens in einem immer pluralistischer werdenden Deutschland vorbereitet werden.

Peter Antes

Zum vorliegenden Heft

Fast 3 Millionen Menschen in Deutschland sind muslimischen Glaubens. Über zwei Millionen von ihnen sind türkischer Herkunft, das andere Drittel verteilt sich auf Muslime vom Balkan, aus den arabischen Ländern, dem Iran, Pakistan und vielen anderen Ländern. Jede dieser Gruppen zeigt besondere Traditionen und Überzeugungen. Schon dies macht deutlich, dass es »den Islam« nicht gibt: diese Religion, zu der sich weltweit inzwischen schätzungsweise mehr als eine Milliarde Menschen bekennen, hat sich in vielfältiger Weise entwickelt. Diese Vielfalt ist vergleichbar der vieler christlichen Religionen, Gruppierungen und Haltungen. Wie dort gibt es auch im Islam eine Grundlage in gemeinsamen Überzeugungen – das Gottesbild, den Glauben an den Propheten, die Offenbarungen, das Jüngste Gericht, den sozialen Auftrag – und daneben eine immense Differenzierung, in der sich im Laufe der Jahrhunderte seit Mohammed neben religiösen Gruppierungen vor allem auch – gelegentlich sogar nicht mehr im Sinne des Islam begründbare – regionale Traditionen herausgebildet haben.

Doch auch im Alltag der einzelnen Gruppen findet sich eine lebendige Vielfalt: viele, meist junge Menschen suchen nach neuen Lebensweisen, ohne ihre muslimischen Grundlagen verlieren zu wollen, verschiedene muslimische Kulturen wollen im Zeitalter der sog. »Globalisierung« eine Öffnung hin zu einer westlicheren Lebensform, andere wiederum fürchten gerade dies und streben nach einer Rückbesinnung auf die Fundamente des Islam ohne Kompromisse mit einer »verwestlichten«, individualistischen Haltung.

Nicht zuletzt die Anschläge vom 11. September 2001 und die folgenden kriegerischen Auseinandersetzungen zeigen, wohin die Brisanz dieses Identitätskonflikts führen kann. Die Ursachen hierfür liegen sicher nicht nur im religiösen Bereich; deshalb finden sich in diesem Heft neben religionskundlichen auch religionsgeschichtliche und sozialwissenschaftliche Informationen, neben solchen über Mohammed, den Koran, die Ethik, das tägliche Leben im Zeichen des Islam, die Rolle der Frau usw. eben auch Hinweise auf die Geschichte des Islam, Reflexionen über den Djihad, über »islamische Politik«, islamischen Fundamentalismus und vieles mehr. Eine Lösung der Konflikte setzt voraus, dass wir unsere jahrhundertealten Feindbilder – und die ihnen zugrunde liegenden Ängste – aufgeben. Dies kann jedoch nur gelingen, wenn wir uns gegenseitig verstehen lernen. Deshalb widmet sich ein Großteil dieses Heftes dem Leben von Muslimen in Deutschland. *Manfred Pöpperl*

I. Eine erste Begegnung

Eine schrecklich nette Familie

Die Vision

Sonntagmorgen irgendwo in Deutschland: Murat Ersoy ist müde. Gestern war er sehr lange unterwegs. Seine Mutter wollte unbedingt in die Disko. Bis zum Morgengrauen haben sie zu Techno-Mucke abgetanzt. Einmal im Monat ziehen beide zusammen los und machen Kneipen und Clubs unsicher. Murat duscht und setzt sich an den Frühstückstisch. Vater hat für alle gedeckt und Tee gekocht. Jetzt ist auch endlich die ältere Tochter Yıldız aufgewacht. Zusammen mit ihrem Freund Thomas kommt sie in die Küche. Die kleine Yasemin diskutiert mit ihrem Vater über türkische Politik. Er gibt ihr in vielen Punkten Recht und lobt sie für ihre Meinung. Yıldız und Thomas planen schon, wie sie ihre gemeinsame Wohnung einrichten wollen. Bevor sie heiraten, möchten sie erst in wilder Ehe zusammen leben. Vater und Mutter Ersoy finden das gut, schließlich sollen sich die beiden erst einmal kennen lernen. Sobald Tochter Yasemin volljährig ist, soll sie in eine andere Stadt gehen, um ein unabhängiges Studentenleben zu führen. Familie Ersoy ist bestens gelaunt, denn zwischen Groß und Klein, Alt und Jung herrscht Einvernehmen. Zu schön, um wahr zu sein?

Schlechte Stimmung bei türkischen Familien: Während die Kinder Freiheiten ausleben wollen, hängen die Eltern noch an Moral und Tradition vergangener Zeiten. Freunde treffen, tanzen gehen, Alkohol trinken, lustig sein? Ist nicht. Vor allem die Töchter sollen so lange zu Hause bleiben, bis sie in den sicheren Ehehafen segeln. Selbstverständlich für die Eltern. Doch das sehen längst nicht alle türkischen Mädchen ein. Wie ihre Brüder wollen auch sie abends weggehen dürfen, möchten in eine andere Stadt ziehen, um ein selbstständiges Leben zu führen. Völlig normal für junge Türken in Deutschland. Zwei Meinungen. Das bringt Probleme mit sich. Der Grund: Eltern oder Großeltern haben ein anderes Verständnis von Moral, Anstand und Sitte. Sie sind in der Türkei aufgewachsen und halten die alten Sitten und Bräuche hoch. Ihre Kinder sollen sich gefälligst daran halten. Nach außen wird das Bild der intakten Familie gepflegt. Den Eltern soll Respekt erwiesen, vor Nachbarn und Bekannten das Gesicht gewahrt werden. Doch hinter der Fassade gibt es tiefe Risse. Die Tochter hat einen oder sogar mehrere Freunde, sie kommt abends spät nach Hause. Unmöglich! Was sollen die Nachbarn dazu sagen? Schande kommt über die Familie! Viel schlimmer ist die Liebe zum gleichen Geschlecht, denn Homosexualität ist ein dunkelrotes Tuch. Bevor ein Vater die schwule Lebensart seines Sohnes akzeptieren würde, hätte er lieber gar keinen Sohn mehr. Bei Diskussionen hat das Familienoberhaupt das letzte Wort. Widerspruch gilt nicht.

»Auszug – niemals! Die Kinder sollen bei den Eltern bleiben«

Niemals könnte Tekin Özbek ertragen, wenn seine zehn Kinder in ihre eigenen vier Wände ziehen würden. Es sei denn, sie heirateten. Mit seiner Familie wohnt der 42-Jährige in einem dreistöckigen Haus in Brandenburg. »Meine Kinder sollen, solange es geht, zu Hause bleiben. Es wäre ein Schock für mich, wenn eines uns verlassen würde«, erzählt der stolze Vater. Seine Kinder respektieren den väterlichen Wunsch und leben sehr gerne bei den Eltern. Sagt jedenfalls Tekin Özbek. Auch andere Väter und Mütter können sich nicht vorstellen, ihre Kinder vor deren Heirat alleine wohnen zu lassen. Schließlich ist die Famlie das Lebenszentrum. Ihre Töchter und Söhne dagegen denken völlig anders. Sie sehen keinen Sinn darin, mit ihren Eltern am Wochenende auf dem Sofa zu sitzen und türkische Filme zu sehen. Ihre deutschen Freunde verlassen das Elternhaus oft schon mit 18 Jahren. Sie suchen ihr Glück in der Selbstständigkeit. Für junge Türken fast undenkbar.

❖ *Welche der hier angesprochenen Konfliktfelder halten Sie für spezifisch muslimisch, welche gibt es ähnlich auch in anderen Familien?*

❖ *Haben die »Kinder« immer Recht? Oder haben auch die Eltern manchmal die besseren Argumente?*

Schließlich wollen ihre Eltern nur das Beste für sie. Und die große weite Welt birgt viele Gefahren. [...]

Die 28-Jährige Ceylan Demir aus Oldenburg zog mit 19 Jahren von zu Hause aus, um in Göttingen Medizin zu studieren. »Meine Eltern haben mich immer sehr unterstützt. Sie wollten unbedingt, dass ich studiere. Es war überhaupt kein Problem, dass ich als junge Frau in eine fremde Stadt gegangen bin.« Dass Ceylans Eltern diesen Wunsch ihrer Tochter förderten, ist keine Selbstverständlichkeit. In vielen türkischen Familien werden gerade die Mädchen mit Verboten konfrontiert. Sie dürfen nicht in eine fremde Stadt ziehen, da sie somit den Kontrollen der Eltern entfliehen würden.

»Mit 18 wollte ich mir nichts mehr verbieten lassen«

Irgendwann wollen Kinder ihren Kopf durchsetzen. Auch wenn deswegen im Haus die Fetzen fliegen. Funda Erel kennt das Problem. Sie hat als Teenager viele Kämpfe ausgestanden. Gegen den Willen ihres Vaters ging sie mit ihren Freunden in die Diskothek und amüsierte sich: »Ich war richtig militant und wollte mir nichts verbieten lassen«, erzählt die 24-Jährige. Eine Trotzreaktion. Schließlich durfte ihr jüngerer Bruder viel mehr als sie.

Also setzte sich die junge Türkin durch und riskierte heftigsten Streit. Sie sah nur einen Ausweg: raus aus dem elterlichen Haus. Seit nun sechs Jahren wohnt Funda allein. Zuerst herrschte Funkstille zwischen ihr und den Eltern. Mittlerweile aber hat sie wieder Kontakt. Niemals würde sie nach Hause zurückkehren. »Schließlich habe ich mir viele Freiheiten erkämpft, die ich behalten möchte.« Dass es zum Streit oder sogar Bruch zwischen türkischen Eltern und Töchtern kommt, ist leider Realität. Die einen rebellieren gegen die Ansichten der Eltern, andere gehen heimlich aus. [...]

Die meisten türkischen Familien machen einen Unterschied zwischen Töchtern und Söhnen. Die jungen Männer probieren sich sexuell aus und gehen nachts auf die Piste. Ein Mann darf das schließlich. Die Mädchen dagegen werden streng behütet. Erst bei der Hochzeit wird die Verantwortung für die Tochter an den Ehemann übergeben. Im schlimmsten Fall entscheidet dann er über ihr Leben.

»Meine Töchter werden als Jungfrauen in die Ehe gehen«

Tekin Özbek war anfangs strenger zu seinen Töchtern und Söhnen. Schnell merkte er jedoch, dass sich dadurch nur Widerstand regte. Inzwischen erlaubt er seinen Kindern, abends wegzugehen. Er will aber wissen, wo sie sind und wann sie abends zurückkommen. Und daran scheinen sich die Kinder zu halten. In der Erziehung möchte er keinen Unterschied zwischen Jungen und Mädchen machen. Nur einen kleinen. Denn Tekins großer Wunsch: »Meine Töchter sollen als Jungfrauen in die Ehe gehen«, so der 42-Jährige. Und

* Namen wurden von der Redaktion geändert

die Söhne? Das ist etwas anderes für ihn. Die Unschuld der Tochter ist für viele türkische Eltern das größte Gut, das es zu schützen gilt. Sex vor der Ehe ist für türkische Mädchen ein Tabu. Durch Verbote versuchen die Eltern ihre Töchter – und vor allem sich selbst – vor »Entehrung« zu retten. Das drängt vor allem die Mädchen dazu zu lügen.

»Warum respektieren die Kinder meine Wünsche nicht?«

Die 36-jährige Tülay Yüksel* hat ihren Kindern anfangs viel verboten. Doch bald stritt sie nur noch mit ihnen, und die Situation drohte zu eskalieren. Also gewährt sie jetzt ihren zwei jugendlichen Kindern viele Freiheiten: »Ich habe sonst Angst, sie zu verlieren. Vielleicht würden sie sonst weglaufen.« Yüksel erlaubt der 16-jährigen Tochter, ihren Freund mit nach Hause zu bringen. Damit wollte sie heimliche Treffen vermeiden und verhindern, dass sie noch viel schlimmere Dinge anstellen. Doch glücklich ist die Mutter mit dem Verhalten ihrer Kinder nicht. Die Atmosphäre zwischen ihnen ist angespannt. Tülay Yüksel hat Angst, dass ihr Sohn auf die schiefe Bahn gerät und sie ihn im Gefängnis wiederfindet. Auf Bitten und Ratschläge seiner Mutter reagiert er nicht. Im Gegenteil. Er beleidigte sie sogar. Sie weiß nicht weiter und ist verzweifelt: »Warum gehen meine Kinder nicht auch einen Schritt auf mich zu und nehmen Rücksicht auf meine Wünsche?«

»Wenn meine Eltern erfahren, dass ich schwul bin, existiere ich nicht mehr für sie«

Ercüment Yılmaz* lebt zwei Leben: Seine Eltern und Verwandte wissen nicht, dass er Männer liebt. Mit dieser Tatsache könnten seine Eltern nicht leben: »Ich wäre nicht mehr ihr Sohn. Sie würden den Kontakt zu mir abbrechen und mich verachten.« Für den 23-jährigen Ercüment eine Katastrophe. Er liebt seine Familie über alles. Zudem arbeitet er im elterlichen Betrieb und wäre bei einem Coming-out auch noch arbeitslos. Ergüments Doppelexistenz ist kein Einzelfall. Für die meisten türkischen Eltern ist Homosexualität undenkbar. Ercüment versucht es zu erklären: »In der türkischen Gesellschaft werden die Männer zu Machos erzogen. Schwule Männer passen nicht in dieses Bild.« Auch in Zukunft wird er seine Homosexualität verschweigen. Spätestens in ein paar Jahren werden sich die Eltern wundern, warum er nicht heiratet. Doch irgendwann wird die Zeit kommen, wo er ihnen wohl oder übel die Wahrheit gestehen muss.

Einen Schritt weiter ist der 23-jährige Kemal Pamukoğlu. Erst vor kurzem hatte er sein Coming-out. Freunde und Verwandte wissen seitdem, dass er schwul ist. »Viele haben es inzwischen akzeptiert.« Trotzdem verschweigt er den Eltern auch weiterhin seine Neigung. »Sie leben in der Türkei, ich in Berlin. Sie sind einfach zu alt, um dafür Verständnis aufzubringen. Sie sollen es nicht erfahren.«

»Mein Vater ist ein konservativer Patriot«

»Ich habe in Bezug auf die türkische Politik sehr oft eine andere Meinung als mein Vater. Er ist ein konservativer Patriot. Und ich stimme nicht mit allem überein, was die türkische Regierung macht«, erzählt die 24-jährige Funda Erel. Oft muss sie viele hitzige Diskussionen mit ihrem Vater führen. Einen Kompromiss finden beide nicht. Trotzdem diskutiert Funda weiter. Auch wenn ihr Vater nur den Kopf schüttelt. Das unterschiedliche Politikverständnis führt zu Konflikten zwischen Eltern und Kindern. Die erste Generation hängt sehr an der türkischen Heimat. Sie leben den Patriotismus. Alles andere ist Verrat am Vaterland. Für die Kinder völliger Quatsch. »Menschen im Ausland können extrem konservativ und nationalistisch werden. Sie halten an alten Werten und Traditionen fest«, berichtet die muslimische Theologin Halima Krausen. Der Konflikt mit der jungen Generation ist programmiert. Die Kinder sind in Deutschland aufgewachsen. Sie haben ein anderes Verhältnis zur Türkei und sehen vieles aus objektiver Distanz.

»Vom Händeküssen halte ich nichts. Ich komme mir vor wie ein Untertan«

Händeküssen wird besonders von der ersten Generation als Zeichen von Ehrerbietung betrachtet. Jüngere sollen Älteren den nötigen Respekt erweisen. »Meine Oma hält mir im-

mer gleich automatisch die Hand hin. Es ist ein Zeichen des Respekts«, meint Yıldız Ünal. Ob sie es gut oder schlecht finde, darüber denkt die 26-Jährige gar nicht nach. Sie hält sich an diese Tradition und macht so die Oma glücklich.
Das kann die 24-jährige Kader Loth nicht verstehen. Sie möchte keine Hände küssen: »Ich mache das widerwillig und nur aus reiner Verpflichtung. Ich komme mir vor wie ein Untertan.« Ihrer Meinung nach kann zur Begrüßung ja auch die Wange geküsst werden. Für türkische Eltern und Großeltern dagegen sind solche Rituale sehr wichtig. Auch türkische Feste und Feiertage werden von ihnen sehr gepflegt. Umso trauriger, wenn ihre Kinder diese besonderen Tage nicht mehr würdigen. Dann besteht Gefahr, dass die türkischen Wurzeln vergessen werden. »Ich weiß oft gar nicht, wann ein bestimmtes türkisches Fest ist. Ich vergesse dann auch, zu Hause anzurufen und meinen Eltern zu gratulieren«, berichtet Yıldız Ünal. Ähnlich geht es einigen Türkinnen und Türken der zweiten oder dritten Generation. Viele Eltern reagieren darauf sehr gekränkt. Sie befürchten, dass die Kinder die Bindung an die heimatliche Kultur verlieren.

Lösung aller Probleme?

Gäbe es ein Patentrezept, um Konflikte, Streit oder familäre Brüche zu vermeiden, wären alle zufrieden. Aber es gibt keins. Wichtig ist vor allem, Verständnis für die jeweils andere Seite aufzubringen. Dabei muss auch die ältere Generation ein wenig von dem Standpunkt abrücken, dass sie die einzige und unantastbare Autorität besitzt. Ein schwieriges Unterfangen. Erst wenn die Kinder das Gefühl haben, frei mit ihnen reden zu können, ist der Weg für Kompromisse frei. Darunter muss der Respekt vor den Eltern nicht leiden. Je strenger die Eltern sind, desto größer ist die Gefahr, dass sich die Kinder von ihnen entfernen oder sich in die Heimlichkeit flüchten. Dabei ist es sicherlich ein elterlicher Irrglaube, die Kinder würden in Deutschland verdorben. Der Blick in die Türkei zeigt, dass sich besonders in den Großstädten viel liberalere Erziehungsmethoden durchgesetzt haben. Aber das scheint an den Deutschtürken vorbeigegangen zu sein. Schließlich kennen viele ihre Heimat nur aus dem Sommerurlaub. Vielleicht bringt es ja was, ein Gespräch mit Verwandten und Freunden in der Türkei zu suchen. Dann kommt vermutlich heraus, dass die Cousine schon längst offiziell einen Freund haben darf. Oder dass auch die jungen Leute in der Türkei eine politisch andere Meinung vertreten können als die Eltern. Und vielleicht lässt ein simples Telefonat in die Türkei eine Vision wahr werden.

Burcu Doğramac

❖ *Erklären Sie die Unterschiede zwischen den Einstellungen der ersten, zweiten und dritten türkischen Zuwanderergeneration.*

II. Nähere Betrachtung

1. Das Erscheinungsbild

Moschee: arab. masjid, »Ort, an dem man zum Gebet niederfällt«

Die Moschee

Der Begriff »Moschee« leitet sich vom arabischen »masgidun« ab und bezeichnet einen »Ort, an dem man sich niederwirft«. […] Prinzipiell dient dem gläubigen Muslim jede beliebige Stelle als Gebetsplatz. Für sein Zwiegespräch mit Gott genügt ihm, vorausgesetzt er ist dabei der ka´ba in Mekka zugewandt und der Ort ist sauber (deshalb beten viele Muslime auf einem kleinen Teppich), ein Stück freie Fläche. Dennoch gilt es als »verdienstvoll«, in einer Moschee zu beten. Und für den Freitagnachmittag ist das kollektive Gebet ebendort für männliche Muslime verpflichtend. […] Wichtig bei ihrer Anlage ist die Kennzeichnung der Gebetsrichtung gen Mekka und die Abgrenzung vom häufig unreinen Alltagsgetriebe durch eine Mauer bzw. an den Eingängen durch Schwellen, an denen die Schuhe auszuziehen sind. […] Bestimmende Einrichtungselemente im Inneren jeder Moschee sind der »mihrâb« und der »minbâr«. Der mihrâb ist jene leere Wandnische, die dem Betenden die Richtung nach Mekka weist und in der Regel von Säulen flankiert ist. Meistens ist das der am reichsten verzierte Bereich der Moschee. Seine je nach Region halbrunde, recht- oder vieleckige, stets aber konkave Form hilft, die Stimme des Imam, der vor ihr stehend das Gebet spricht, zu reflektieren und zu verstärken. […] Der minbâr (arab.: Erhöhung), ein hölzernes, manchmal auch steinernes Treppenpodest, das immer rechts vor dem mihrâb steht, […] ist ein Platz, von dem aus der »châtib«, ein redegewandter Theologe, während des Freitaggottesdienstes seine Predigt, die »chutba«, hält. Hierbei steigt der Vortragende aus Hochachtung vor dem Propheten nicht bis zur letzten Stufe empor.

Ex oriente lux

❖ Vergleichen Sie die typische Ausstattung einer Moschee mit der christlicher Kirchen.

Sultan-Ahmed-Moschee (wegen ihrer Bemalung im Inneren auch »Blaue Moschee« genannt), Istanbul, Anfang des 17. Jahrhunderts

Istiqlal-Moschee, Jakarta (Indonesien)

Das Jahr in der muslimischen Gemeinschaft

Der islamische Kalender

Die Moslems (auch Muslime genannt) richten ihre Zeitrechnung nach dem Mondjahr, wobei sie von 12 Monaten zu 29,5 Tagen (also in etwa eine Umlaufzeit des Mondes um die Erde) ausgehen. Jeder Monat beginnt mit dem Neumond. Weil das Mondjahr 11 Tage kürzer ist als das Sonnenjahr, bleiben die Tage und Monate des islamischen Kalenders gegenüber dem Sonnenjahr – und damit dem christlich-gregorianischen Kalender – jährlich um 11 Tage zurück. Das macht in 33 Jahren ein ganzes Sonnenjahr aus. Die islamischen Monate haben eine Länge von entweder 30 oder 29 Tagen. Die islamische Zeitrechnung beginnt mit dem Tage der Flucht Muhammeds von Mekka nach Medina (die sogenannte Hedjra) am 15. Juli 622 (nach christlicher Zeitrechnung).

In jedem Zyklus von 30 Jahren, die von der Hedjra an gezählt werden, haben die ›normalen‹ Jahre jeweils 354 Tage, während 11 Jahre im Zyklus jeweils 355 Tage haben. Diese 11 Jahre sind im 30-Jahres-Zyklus das 2., 5., 7., 10., 13., 16., 18., 21., 24., 26. und 29. Jahr. Dann hat der letzte Monat des Jahres einen Tag mehr, also 30.

Um ein muslimisches Datum im christlichen Kalender zu finden (oder umgekehrt), lassen sich zwei Rechenmethoden anwenden:

CJ = Christliches Jahr, IJ = Islamisches Jahr

1. Methode

IJ–3 % + 621,54 = CJ

Beispiel: Welches Jahr im christlichen Kalender ist das muslimische Jahr 1318?

1318 – 39,54 = 1278,46

1278,46 + 621,54 = 1900,00

Ergebnis: Das muslimische Jahr 1318 entspricht (wegen der Phasenverschiebung zum größten Teil) dem Jahr 1900 n. Chr.

2. Methode

$$CJ - 622 + \frac{CJ - 622}{32} = IJ$$

Beispiel: Welches muslimische Jahr entspricht dem Jahre 1982 n. Chr.?

$$1982 - 622 + \frac{1982 - 622}{32} = 1402,5$$

Ergebnis: 1982 entspricht dem islamischen Jahr 1402. 1402,5 weist darauf hin, dass 9 Monate von 1982 ins islamische Jahr 1402 fallen, die restlichen 3 Monate ins Jahr 1403.

Umgekehrtes Beispiel: Welches christliche Jahr entspricht dem islamischen (muslimischen) Jahr 1402?

$$IJ - 622 + \frac{IJ}{33} = CJ \quad 1402 + 622 - \frac{1402}{33} = 1981,5.$$

Betende in einer Berliner Moschee

Wichtige Feiertage im Islam
Die Aufzählung nennt Feiertage beider muslimischer Hauptgruppen, also von den Schiiten (die etwa 10 % aller Moslems ausmachen und überwiegend in den Ländern Iran, Irak, Libanon, Jemen und Pakistan ansässig sind) und von den Sunniten*. Weil der islamische Kalender sich gegenüber dem christlichen ununterbrochen verschiebt, ist eine vergleichende Festlegung auf die Daten unseres Kalenders nicht geraten.

** Zum geschichtlichen Hintergrund der Spaltung des Islam in Sunniten und Schiiten s. S. 20f.*

1. Muharram: Neujahr
Tag des Almosen-Gebens

10. Muharram: Aschurafest
Bet- und Fasttag
Die Kaaba in Mekka ist geöffnet. Im schiitischen Islam ist es der Gedenktag an Husayn, den Enkel Muhammeds.

2. Rabi al-awwal: Geburtstag des Propheten Muhammed
Er ist geboren zwischen 567 und 573, gestorben 632 n. Chr.

27. Ragab: Muhammeds Himmelfahrt
Vom Tempelplatz in Jerusalem aus

15. Shaban: Nacht der Unschuld
Dann wird im Himmel der Baum des Lebens geschüttelt, auf dessen Blättern aller Menschen Namen stehen. Wessen Blätter herabfallen, stirbt noch in demselben Jahr. Andere rechnen mit Sündenvergebung durch den in dieser Nacht auf Erden herabkommenden Allah.

1. Ramadan: Nacht der Sichtung
Der Fastenmonat beginnt in dem Augenblick, wenn die Sichel des Neumondes erstmals gesichtet wird. Von da an wird einen Monat lang von Sonnenaufgang bis Sonnenuntergang gefastet, nachts gespeist.

17. Ramadan: Nacht der Bestimmung
In dieser Nacht kam die Offenbarung des Koran aus dem Himmel an die Menschheit. Fromme Moslems lesen dann die ganze Nacht im Koran.

1. Shawwal: Id al-fitr
(türkisch: şeker bayramı = Zuckerfest) Fest des Fastenbrechens, das heißt Ende des strengen Fastenmonats.

10. Dul-higga Id al-adha
(türkisch: kurban bayramı)
Opferfest am 10. Tag im Pilgermonat zur Erinnerung an Abraham (Genesis 22: Isaaks Opferung). An dem Tag werden fast ausschließlich Schafe geschächtet und geschlachtet.

Der Fastenmonat Ramadan

Der neunte Monat im Jahr heißt Ramadan. Es ist der große Fastenmonat, während dessen ganzer Dauer von Sonnenaufgang bis Son-

Die Termine für die Feiertage ab 1426/2005 erfahren Sie im Internet – zum Zeitpunkt des Drucks z. B. unter www.islam.de

Islamischer Kalender	***Neujahr 1. Muharram***	***Geburtstag Muhammeds***	***Beginn des Ramadan***	***Fastenbrechenfest***	***Opferfest 10. Dul-higga***
1422	26.02.2001	04.06.2001	16.11.2001	16.12.2001	22.02.2002
1423	15.03.2002	25.05.2002	06.11.2002	05.12.2002	12.02.2003
1424	04.03.2003	14.05.2003	27.10.2003	25.11.2003	01.02.2004
1425	21.02.2004	02.05.2004	15.10.2004	14.11.2004	

nenuntergang nach der einfachen, aber strengen Regel gefastet wird: kein Essen, kein Trinken, kein Rauchen und kein Geschlechtsverkehr. Der Fastenmonat ist der wichtigste Monat im Leben der Muslime. Er ist eine Zeit besonderer religiöser Aufgeschlossenheit und menschlicher Verbundenheit. Jeder Muslim fühlt während des Ramadan die Verpflichtung, am Fasten teilzunehmen und damit seine Zugehörigkeit zur islamischen Gemeinschaft zu bekunden. Das ist »Ehrensache«. Jugendliche beginnen das Fasten etwa mit dem zwölften Lebensjahr. Für sie bedeutet es einen neuen Abschnitt in ihrem Leben. Kranke und Behinderte, die nicht fasten können, empfinden sich dadurch oft von dem religiösen und sozialen Leben ihrer Glaubensgemeinschaft ausgeschlossen. Für die Muslime in unserem Land bedeutet der Fastenmonat eine besondere Anstrengung, da der Arbeitsrhythmus der Industrie keine Rücksicht darauf nimmt. Trotz der Verpflichtung zum Fasten, die gar nicht leicht einzuhalten ist, trägt der Monat Ramadan für die Muslime einen festlichen Charakter. Nach der harten Disziplin des Fastens, die besonders in unseren nördlichen Breiten wegen der langen Sommertage sehr schwierig sein kann, finden sich die Muslime nach Sonnenuntergang im Kreis der Familie, der Nachbarschaft oder der Moschee zu regem Leben zusammen. Dann wird gegessen, man besucht sich, ist in gehobener und lebhafter Stimmung beieinander. Das führt in der deutschen Umgebung manchmal zu Reaktionen von Seiten der Bevölkerung, die das festliche Zusammensein bis spät in die Nacht nicht kennt und sich in ihrer Ruhe gestört fühlt. Der festliche Charakter des Ramadan wird in vielen islamischen Gemeinden dadurch unterstrichen, dass ein »Hafiz« – ein ausgebildeter Vorsänger des Korans – eingeladen wird, um in der Moschee große Teile des Heiligen Buches zu rezitieren. Diese Vorleser oder Vorsänger verstehen es oft, durch die kunstvolle und eindrückliche Art ihres Vortrages die Gläubigen mitzureißen. Die Gemeinden in der Bundesrepublik Deutschland werden häufig durch Prediger aus der Türkei in den Geist des Ramadan eingeführt, um neuen Glaubenseifer bei ihnen zu wecken. Fromme Muslime sind angehalten, in den vier Wochen des Fastenmonats den ganzen Koran zu lesen. Man muss sich dabei deutlich machen, dass der Koran für sie nicht eine Sammlung von Predigten des Propheten Muhammad ist, sondern von der ersten bis zur letzten Zeile Gottes eigenes Wort.

Das Fest des Fastenbrechens ('îd al-fitr)

Dieses Fest beendet das strenge Fasten des Ramadanmonats und stellt den definitiven und feierlichen Bruch (fitr) mit der langen »Fastenzeit« dar. Auf türkisch wird das Fest bisweilen auch Şeker Bayram (Zuckerfest) genannt wegen der vielen Süßigkeiten und dem Gebäck, die an diesem Tage verzehrt werden. Eine andere Bezeichnung ist »Kleines Fest« (im Gegensatz zum »Großen Fest«, dem Opferfest). Man feiert den Tag des Fastenbrechens am ersten Tag des Monats Šawwâl (10. Monat). Gewöhnlich werden jedoch die Feierlichkeiten auf den 2. Šawwâl ausgedehnt, und islamische Staaten tragen dieser Sitte Rechnung, indem sie auch diesen zweiten Tag des zehnten Monats zum offiziellen Ruhetag erklären. [...]
Die beiden religiösen Pflichten, welche die islamische Gemeinschaft eines Ortes im Gemeinschaftsgebet und in einem Akt der solidarischen und brüderlichen Unterstützung vereinen, geben diesem Fest notwendigerweise einen starken gemeinschaftsbezogenen Charakter. Jeder Muslim trägt neue Kleider, besucht seine Freunde und Bekannten, schenkt und erhält Geschenke jeder Art und tauscht unzählige Glückwünsche mit denen aus, die er unterwegs oder bei Besuchen trifft. Man könnte von diesem Fest behaupten, dass es den Charakter einer sozialen zwischenmenschlichen Versöhnung hat. Daraus ergibt sich die Bedeutung, die es sowohl im islamischen Festkalender als auch im Leben einer Großfamilie hat. An diesem Festtag kehren viele in der Fremde lebende Familienmitglieder zum heimatlichen Herd zurück. Die allgemeine Freude und Fröhlichkeit während des 'îd al-fitr ist wesentlich größer als die zur Zeit des »Großen Festes« im Pilgermonat. Das »Kleine Fest« ist auf psychologischer und soziologischer Ebene, wenn auch nicht auf religiöser, wichtiger als das Opferfest, dessen rechtliche, mystische und religiöse Bedeutung es natürlich nicht hat.

- *Welchen Sinn hat das Ramadan-Fasten für den gläubigen Muslim?*
- *Welche Bedeutung hat der Ramadan für die islamische Gemeinschaft?*
- *Viele Religionen kennen Fastenzeiten: Sind diese Rituale vergleichbar?*

Masdschid al-Haram in Mekka mit der Ka'ba in der Mitte

Die Pilgerfahrt

Der Besuch des Hauses Gottes, der Ka'ba zu Mekka, ist allen Gläubigen zur Pflicht gemacht. Voraussetzung ist, dass der, der sich auf die Reise begibt, gesund ist und dass er in der Lage ist, für die Zeit seiner Abwesenheit seine Familie ausreichend zu versorgen. Der Islam kennt zwei Formen der Wallfahrt nach Mekka:

- die kleine Pilgerfahrt (hadj asgar oder umra); sie kann zu jedem beliebigen Zeitpunkt unternommen werden;
- die große Pilgerfahrt (hadj akbar) im Pilgermonat des islamischen Kalenders.

Dem Besuch der heiligen Stadt und des Heiligtums geht die Weihe (ihram) voraus. Von diesem Augenblick an muss sich der Pilger aller weltlichen Genüsse, vor allem des geschlechtlichen Umgangs enthalten. Die Männer legen zwei ungenähte, lose Tücher von weißer Farbe an; die Frauen tragen während der Pilgerfahrt ihre normalen Kleider, die allerdings von einfacher Ausführung sein sollen. Die islamische Gemeinde findet ihre Einheit in ihrer Universalität, in dem Bewusstsein eines geographischen Mittelpunktes; in der Wallfahrt zur Ka'ba in Mekka. Die Pilgerfahrt führt die Moslems zu der Stätte, an der die Propheten Abraham und Ismael lebten und Gott dienten, von der Mohammad ausging, um den Islam zu verkünden. Höhepunkt der Pilgerfahrt ist das islamische Opferfest. Es wird gefeiert zum Gedenken an Abrahams Bereitschaft, um seiner Liebe zu Gott willen seinen erstgeborenen Sohn zu opfern. Daran erinnert jedes Jahr in Mina die Schlachtung der Opfertiere. Jedoch sagt der Koran in der Sura Al-Hadsch: »Ihr Fleisch (d. h. das der Opfertiere) erreicht Gott nicht, noch tut es ihr Blut, sondern eure Ehrfurcht ist es, die ihn erreicht.« Der Moslem erlebt die Erfüllung des Koranwortes: »Alle Gläubigen sind Brüder.« Zu seiner Bestätigung gehört als Höhepunkt das Kussritual. Mohammad, der Prophet, hatte den in die Mauer der Ka'ba eingelassenen „schwarzen Stein" einst in Ehrfurcht geküsst. Nun berühren ihn die Pilger mit ihren Lippen und empfangen auf diese Weise von ihm symbolisch den Bruderkuss des Propheten.

Geschäftige Gasse in Medina, die den Blick auf die Moschee des Propheten freigibt

2. Die Entstehung des Islam

Die Offenbarung

»Die erste Offenbarung, die der Prophet [Mohammed] erhielt, begann mit guten Traumgesichten im Schlaf; jeder Traum, den er sah, pflegte ihm so deutlich wie der Anbruch des Morgens zu kommen. Dann empfand er Liebe zur Einsamkeit und pflegte sich in die Höhle des Berges Hirâ zurückzuziehen, sich in ihr eine bestimmte Anzahl von Nächten religiösen Übungen zu widmen, bevor er zu seiner Familie zurückkehrte, und sich dafür zu verproviantieren, dann zu Hadiga zurückzukehren und sich für ein weiteres Mal zu verproviantieren, bis die Wahrheit zu ihm kam, während er in der Höhle des Hirâ war. Da kam der Engel zu ihm und sagte: Rezitiere! Er aber antwortete: Ich kann nicht rezitieren! Er berichtete: Da ergriff er mich und presste mich, bis ich es nicht mehr aushalten konnte. Dann ließ er mich los und sagte: Rezitiere! Aber ich antwortete: Ich kann nicht rezitieren. Da ergriff er mich und presste mich ein zweites Mal, bis ich es nicht mehr aushalten konnte. Dann ließ er mich aus und sagte: Rezitiere! Aber ich antwortete: Ich kann nicht rezitieren. Da ergriff er mich und presste mich zum dritten Mal. Dann ließ er mich los und sagte: Rezitiere im Namen deines Herrn, der erschaffen hat, der den Menschen aus einem Blutklümpchen erschaffen hat. Rezitiere, denn dein Herr ist der Allgütige. Da kehrte der Prophet damit zurück, während sein Herz zitterte, trat bei Hadiga ein und sagte: Wickelt mich ein, wickelt mich ein! Und man wickelte ihn ein, bis ihn die Furcht verlassen hatte. Da erzählte er der Hadiga und teilte ihr das Erlebnis mit: Ich fürchte für mein Leben. Da erwiderte Hadiga: Nein, bei Allah, nie wird Allah dich in Schande kommen lassen; du pflegst die Verwandtschaftsbande, unterhältst die Abhängigen, spendest den Armen, nimmst die Gäste auf und hilfst bei den Unglücksfällen, die das Recht treffen. Hadiga nahm ihn mit und brachte ihn zu Waraqa, einem Vetter, der in der Heidenzeit Christ geworden war, hebräisch schreiben konnte … er war hochbetagt und blind. Zu dem sagte Hadiga: Mein Vetter, höre deinen Neffen an … Da erzählte ihm der Prophet, war er erlebt hatte. Da antwortete ihm Waraqa: Das ist der Namus (= Gesetzesengel), den Allah zu Mose hat hinabsteigen lassen; o wäre ich doch ein junger Mann, o wäre ich doch am Leben, wenn dein Volk dich vertreibt! Da fragte der Prophet: Werden sie mich etwa vertreiben? Er erwiderte: Ja, niemand hat jemals dasselbe wie du gebracht, ohne dass er Feindschaft erfuhr. Wenn ich deinen Tag erlebe, werde ich dir kräftig helfen. Danach dauerte es nicht lange, bis Waraqa starb, und die Offenbarung an Muhammad erlitt eine Unterbrechung … Während ich einherging, hörte ich eine Stimme vom Himmel: da blickte ich auf, und da saß der Engel, der auf dem Hirâ zu mir gekommen war, auf einem Thron zwischen Himmel und Erde. Da fürchtete ich mich vor ihm, kehrte zurück und sagte: Wickelt mich ein, wickelt mich ein! – Da offenbarte Allah: Du Eingewickelter, steh auf und weihe dich! Deinen Herrn, den preise! Deine Kleider, die reinige! Den Greuel, den fliehe! (Sure 74,1–5). Dann kamen die Offenbarungen häufig.«

Aus der Hadith-Sammlung des al-Buchari

»Und nicht kommt es einem Menschen zu, dass Allah mit ihm sprechen wollte, es sei denn in Offenbarung oder hinter einem Vorhang. Oder er sendet einen Gesandten, zu offenbaren mit seiner Erlaubnis, was er will. Siehe, er ist hoch und weise. Und also entsendeten wir zu dir einen Geist (den Erzengel Gabriel) mit einer Offenbarung auf unser Geheiß. Nicht wusstest du, was das Buch und der Glaube war. Jedoch machten wir es zu einem Licht, mit dem wir leiten, wen wir wollen, von unseren Dienern. Und siehe, du solltest wahrlich auf einen rechten Weg leiten.« Sure 42,50–52

Mohammeds Reise durch das irdische Paradies auf dem Buraq, der heiligen Stute. Farbige Miniatur, 1436

Das Leben Muhammads (Mohammeds)

Muhammad wurde um 569/570 n.Chr. in Mekka geboren und gehörte zu einer verarmten, aber angesehenen Sippe der Hâshimiten vom Stamme der Quraishiten. Muhammads Vater Abdallah starb noch vor der Geburt des Sohnes und seine Mutter Amina, als er sechs Jahre alt war. Er wurde kurze Zeit von seinem Großvater Abd al-Muttalib erzogen, dann von seinem Onkel Abu Talib, der ihn auf eine Geschäftsreise mitnahm. Im Alter von 25 Jahren lernte er die wohlhabende Kaufmannswitwe Chadidja kennen, deren Handelsgeschäfte er zuverlässig wahrnahm. Sie wurde seine Frau, obwohl sie wesentlich älter war als er. Er bewahrte ihr immer eine tiefe Zuneigung und nahm, solange sie lebte, keine andere Frau. Sie gebar sieben Kinder, von denen nur eine Tochter, Fatima, am Leben blieb und selber Nachkommen hatte.

Der Wendepunkt in Muhammads Leben trat ungefähr im Alter von 40 Jahren ein, also um das Jahr 610. Er fing an, intensiver nach dem Sinn des Lebens zu fragen, und nahm an dem oberflächlichen Treiben und unsozialen Verhalten der mekkanischen Gesellschaft Anstoß. Denn manche reichen Kaufleute nutzten ihre Macht aus und übervorteilten die sozial Schwachen. Dadurch gerieten viele Menschen in Not.

Muhammad zog sich periodisch zu einsamen Andachtsübungen am Berge Hirâ zurück und erhielt dort von einem himmlischen Boten den Auftrag: »Stehe auf und warne.« Die Menschen sind von Gott abgefallen, und das Jüngste Gericht steht bevor. Nach dem Erlebnis auf dem Berg Hirâ kamen die Offenbarungen regelmäßig zu Muhammad. Er empfing sie voller Freude, ob sie bei den Menschen Zufriedenheit oder Ärger auslösten. Bald darauf fing Muhammad an, seine mekkanischen Mitbürger zu ermahnen und vor dem baldigen Gericht Gottes zu warnen. Hauptinhalte seiner Predigt in dieser Zeit waren der Glaube an den einen gütigen Schöpfergott und der Aufruf zu einem besseren und sozialeren Lebenswandel angesichts des nahe bevorstehenden Jüngsten Gerichts:

»Im Namen Allahs des Allbarmherzigen. Das eifrige Streben nach Mehrung des Reichtums beherrscht euch, bis ihr die Gräber erreicht. Gewiss! Ihr erfahrt es bald nochmals, ihr erfahrt es bald, wie töricht ihr gewesen seid« (102,1–5). »Was meinst du wohl von dem, der das Gericht für Lüge erklärt? Das ist derselbe, der die Waise von sich wegstößt und die Seinen nicht dazu anhält, dem Armen etwas zu essen zu geben. Wehe den Betenden, die auf ihr Gebet nicht achten, die von den Leuten gesehen werden wollen, die die Hilfeleistung verweigern!« (107).

Zunächst fand die Botschaft wenig Anklang. Seine ersten Anhänger waren Chadidja und

Mohammeds Himmelfahrt. Persische Miniaturmalerei aus dem 16. Jahrhundert

sein junger Vetter Ali. Anschließend folgten ihm zu einem großen Teil jüngere Leute aus vornehmen, teils auch aus weniger einflussreichen Familien. Auch Angehörige der unteren sozialen Schichten, wie z. B. freigelassene Sklaven, schenkten ihm Gehör. In den folgenden Jahren nahm der Widerstand in Mekka auf eine Weise zu, dass Muhammad mit über 100 Anhängern nach Abessinien reiste. Der Hauptgrund für die Ablehnung des Propheten ist in der wichtigen Rolle der Stadt Mekka zu sehen, die zugleich Handelsmetropole und religiöses Zentrum war. Muhammads Predigt bedrohte den polytheistischen Kult und die Wallfahrtsfeste, die sich um das mekkanische Heiligtum, die Kaaba, konzentrierten und den führenden Familien wirtschaftliche Vorteile brachten. Nach der Rückkehr aus Abessinien nahmen die Verfolgungen in Mekka noch größere Ausmaße an. Die Mekkaner bestritten die Echtheit von Muhammads göttlicher Sendung und warfen ihm vor, er sei nur ein Dichter, der unter dem Einfluss von Dämonen stünde, und ein Besessener, der nicht Gottes, sondern Menschenwort verkünde. Muhammad lehnte die Aufforderung ab, wie andere Propheten die Echtheit seiner Sendung durch Wunder zu bestätigen. Er entgegnete, dass nur Gott die Macht besitzt, Wunder zu tun, Propheten könnten nur mit Gottes Erlaubnis Wunder wirken; außerdem ließen sich verstockte Menschen auch nicht durch Wunder zum Glauben bringen.

Als die Lage in Mekka unerträglich wurde, siedelte der Prophet auf die Aufforderung einiger Stämme hin, die einen Friedensrichter suchten, im Jahr 622 nach Yathrib über, das später Madinat al-Nabi (Stadt des Propheten) genannt wurde. Das Jahr 622, das Jahr der Hidjra (Auswanderung), wurde zum Beginn der islamischen Zeitrechnung. Nachdem Muhammad die beiden sich befehdenden Stämme vereint hatte, bekannte sich ein großer Teil der Bevölkerung zu seiner neuen Lehre. Einige zögerten allerdings noch und bezweifelten die Echtheit seiner Sendung. Vor allem die Juden, die teilweise durch wirtschaftliche Abkommen an die Mekkaner gebunden waren, ließen sich nicht von der von Muhammad behaupteten Übereinstimmung der beiden Religionen überzeugen. Zwei jüdische Stämme wurden zur Auswanderung gezwungen, ein anderer vernichtet und die Frauen und Kinder versklavt. Nach der Auseinandersetzung mit den Juden änderte Muhammad die Gebetsrichtung von Jerusalem nach Mekka, wo entsprechend der Überlieferung der Stammvater aller Gläubigen, Abraham, mit seinem Sohn Ismail die Kaaba erbaut hatte. In der medinensischen Phase zeigte sich Muhammad weniger als religiös inspirierter Gerichtsprediger, sondern als Staatsmann und Politiker. Neben der Erfüllung seiner religiösen Aufgaben ging es ihm darum, für seine Mitauswanderer (Muhâdjirûn) und die neuen Verbündeten (Ansâr) ein gemeinsames Leben in gutem Einvernehmen zu sichern; denn das Ausscheiden der jungen muslimischen Gemeinde aus dem mekkanischen Stammesverband war für die damalige Zeit ein folgenschwerer Schritt. Daher erließ er 623 die Gemeindeordnung von Medina. Die in dieser Zeit geoffenbarten Suren beschäftigen sich zunehmend mit Fragen des sozialen Zusammenlebens.

Die Mekkaner blieben weiterhin erbitterte Gegner. Im März 624 errang ein kleiner Trupp von Muslimen einen strahlenden Sieg bei Badr, dem aber bald eine bittere Niederlage in der Nähe des Berges Uhud folgte. Bald darauf griffen die Mekkaner Medina an, konnten es aber nicht erobern. Im Jahr 628 versuchte der Prophet, eine Wallfahrt nach Mekka zu unternehmen, wurde aber von den Mekkanern abgewiesen. Diese erklärten sich jedoch bereit, eine zehnjährige Waffenruhe vertraglich zu vereinbaren.

Der Waffenstillstandsvertrag mit den Mekkanern wurde jedoch nicht eingehalten. Daher zog Muhammad anlässlich eines Beduinenstreits 630 nach Mekka, wo ihm nur wenig Widerstand geboten wurde. Bis auf einige Ausnahmen wurden die Mekkaner mit unerwarteter Milde behandelt, sodass sie sich zu einem großen Teil zum Islam bekehrten. Muhammad zerstörte die polytheistischen Bildnisse in der Kaaba, behielt diese aber als Heiligtum bei. Zwei Jahre später, im Jahr 632, starb er als Führer fast der gesamten arabischen Halbinsel. *Monika Tworuschka*

❖ Wie erhält Mohammed seine Lehre? Gibt es Unterschiede/Ähnlichkeiten zu Offenbarungen in anderen Religionen?

❖ Welche neuen Ideen vermittelt Mohammed seinen Landsleuten im Vergleich zu den damals herrschenden Anschauungen? Warum setzten sich diese wohl durch?

Zeittafel

um 1800 bis 1400 v. Chr.	Abraham (Ibrahim), der erste Muslim, unterwirft sich dem Willen Gottes; er baut mit seinem Sohn Ismael (Ismail) in Mekka das Heiligtum der Ka´ba
um 1300 bis 1200	Josef (Jussuf) und Mose (Musa), Propheten
um 1000 bis 920	David (Dawud) und Salomon (Sulaiman), Propheten
4 v. bis 30 n. Chr	Jesus (Isa), einer der großen Propheten, und seine Mutter Maria (Mirjam)
vor 570	Dschahiliya – Zeit der Unwissenheit in Arabien
570	Mohammed wird in Mekka geboren
595	Ehe Mohammeds mit Chadidscha
610	Mohammed empfängt auf dem Berg Hira in der Nähe von Mekka durch den Engel Gabriel die ersten Offenbarungen Gottes
610–622	Mohammed in Mekka, weitere Offenbarungen, Anfeindungen von den Bewohnern der Stadt
619	Tod Chadidschas, danach geht der Prophet mehrere Ehen ein
622	Hidschra, Auswanderung Mohammeds und seiner Freunde von Mekka nach Jathrib, das später »Madinat al-nabi« (»Stadt des Propheten«), meist kurz Medina, genannt wird; Beginn der islamischen Zeitrechnung
622–632	Mohammed in Medina; Gemeindevertrag
624	Schlacht bei Badr, die Mekkaner werden von Mohammed besiegt
625	Schlacht bei Uhud, Niederlage Mohammeds durch die Truppen Mekkas
627	Vertreibung der jüdischen Stämme aus Medina durch Muhammed und seine Anhänger
630	Mohammed zieht in Mekka ein
631	Abschiedswallfahrt von Medina nach Mekka
632	Mohammed stirbt in Medina
632–670	der Staat von Medina, die vier »rechtgeleiteten« Kalifen, von denen die drei letzten ermordet werden; die ersten großen Eroberungen; der Islam breitet sich rasch nach Damaskus (635), Palästina (638), Syrien, Ägypten (639–41), Tunesien, Marokko, Irak, Persien (640-44) und Indien aus
632–634	Abu Bakr, der Schwiegersohn Mohammeds, erster Kalif; die erste Fassung des Koran (Sammlung der Offenbarungsreden Muhammads)
634–644	Umar, der zweite Kalif
638	Eroberung Jerusalems; die Stadt wird als »Al Kuds« nach Mekka und Medina zum drittwichtigsten Heiligtum des Islam
644–656	Uthman, dritter Kalif
653	Redaktion des Koran
656–661	Ali, der Vetter und Schwiegersohn Mohammeds, vierter Kalif und erster Imam; unter ihm beginnt die Spaltung zwischen Schiiten und Sunniten; Hasan und Husain, die Söhne Alis und der Prophetentochter Fatima
661	Ermordung Alis in Kufa
661–750	Dynastie der Umaiyaden in Damaskus; Kalifen mit universellem Machtanspruch; erste Blütezeit für Dichtung, Philosophie und Wissenschaft; Kampf gegen das byzantinische Reich; weitere Ausbreitung des Islam bis nach China
673	Die arabische Flotte erfolglos vor Konstantinopel
680	Schlacht bei Kerbela (Irak); Husain findet im Kampf gegen die Umaiyaden den Tod; er wird zum verehrten Märtyrer der Schiiten
687–691	Bau des Felsendoms in Jerusalem
ab 8. Jh.	Entstehung des Sufismus (islamische Mystik)
711	die Araber am Indus; Tarik erobert Gibraltar, vernichtet das Westgotenreich in Spanien und kommt bis zu den Pyrenäen
714–801	Rabia al-Adawiyya, Mystikerin in Basra
732	Schlacht zwischen Tours und Poitiers, Karl Martell schlägt die Muslime in Frankreich
750–1258	Kalifat der Abbasiden; Bagdad wird neue Hauptstadt eines islamischen Vielvölkerreichs, das vom 9. Jh. an allmählich zerfällt; Glanz und Prunk der Kalifen; Dichter, Musiker und Philosophen bestimmen das Hofleben; Zeit der Märchen aus Tausendundeiner Nacht; Abspaltungen und Sekten; die türkische Seldschuken gewinnen seit 1055 die Macht
756–1031	Herrschaft der Umaiyaden in Spanien; Blüte von Literatur, Philosophie und Wissenschaft; bedeutendster Bau: die Moschee von Cordoba
797	Karl der Große und Kalif Harun al Raschid tauschen Botschaften aus
846	die Sarazenen (Muslime) bedrohen den Kirchenstaat und plündern Papstkirchen und Apostelgräber
857–922	al-Halladj, der berühmte Mystiker des Islam, wird 922 als Ketzer hingerichtet
969–1171	in Ägypten herrschen die schiitischen Fatimiden, die sich von Fatima, Tochter Mohammeds, herleiten; auf sie führen die Drusen ihre Herkunft zurück
um 970	Gründung des schiitischen Predigerseminars Al Azhar in Kairo: eine der wichtigsten Rechtsschulen und Universitäten des sunnitischen Islam
980–1037	Avicenna (Ibn Sina), bedeutender Philosoph
ab 11. Jh.	spanische Reconquista (christliche Rückeroberung)
1058–1111	al-Ghazzali, größter mittelalterlicher Theologe des Islam, Mystiker, versöhnt islamische Orthodoxie und Mystik
1096–1270	sieben Kreuzzüge der Christenheit mit dem Ziel, die biblischen Stätten im Heiligen Land von den Muslimen zu befreien; mehrfache Eroberung Jerusalems; furchtbare Blutbäder; am Ende Misserfolg
1126–1198	Averroës (Ibn Ruschd), großer Philosoph und Theologe, lehrt in Toledo
1137–1193	Saladin, ein Herrscher kurdischer Abstammung, setzt die schiitischen Fatimiden in Ägypten ab, erobert 1187 Jerusalem und stärkt den sunnitischen Islam; ritterliche Persönlichkeit; Gestalt in Lessings »Nathan der Weise«
1143	Übersetzung des Koran ins Lateinische
13.–15. Jh.	Mongoleneinfälle; die ursprünglich buddhistischen Mongolen treten um 1300 zum Islam über
1207–1273	Dschelaluddin Rumi, großer Dichter und Mystiker
1225–1274	Thomas von Aquin, größter christlicher Theologe des Mittelalters, verfasst mehrere Schriften gegen die Heiden/Muslime
1240	Tod von Ibn Arabi, Mystiker
1250–1516	Dynastie der sunnitischen Mamluken in Ägypten, Syrien und an den heiligen Stätten; 1515 von den Osmanen besiegt

1258	Eroberung Bagdads durch die Mongolen, Ermordung des Kalifen; die islamische Welt verliert ihren Mittelpunkt; Ende der klassischen Epoche des Islam
1281–1922	das osmanische Reich; die osmanischen Türken verteidigen die sunnitische Orthodoxie; türkische Militärherrschaft fast überall in der Welt des Islam
1453	Eroberung Konstantinopels durch Mehmed II.; Ende des byzantinischen Reichs
1492	Eroberung Granadas, der letzten arabischen Festung, durch die katholischen Könige Spaniens
ab 1502	Herrschaft der Safawiden in Persien; der schiitische Glaube wird Staatsreligion
1520–1566	Suleiman der Prächtige, Höhepunkt der Osmanenherrschaft; große kulturelle Leistungen (Moscheen in der Türkei) und militärische Macht
1529	Türken erstmals vor Wien
1571	Seeschlacht bei Lepanto; das osmanische Reich verliert die Herrschaft über das Mittelmeer
17.–19. Jh.	politischer Niedergang und weitgehende geistige Stagnation des Islam, daneben aber immer auch Erfolge und Reformbestrebungen
1683	zweite Türkenbelagerung Wiens; Niederlage der Türken in der Schlacht am Kahlenberg; der islamische Einfluss auf dem Balkan geht zurück
1745	Begründung der Bewegung der Wahhabiten durch Muhammad Ibn Abd al-Wahhab
1798	Napoleon in Ägypten; Sieg über die Mameluken; der Orient beginnt, die Herausforderung durch die moderne Welt wahrzunehmen
19. Jh.	große islamische Gebiete werden zu europäischen Kolonien oder Protektoraten, z. B. Algerien, Tunesien, Libyen, Ägypten, Indien
1869	Eröffnung des Suezkanals
1878	Besetzung Ägyptens durch die Briten
1880–1920	Aufschwung einer panislamischen Bewegung
1916	Aufteilung der Interessensphären im Nahen Osten durch Frankreich und Großbritannien
1922	Ägypten wird unabhängige Monarchie, 1953 Republik
1924	Mustafa Kemal Pascha (»Atatürk«) schafft das Kalifat ab und macht die Türkei zu einem modernen, westlich ausgerichteten Staat
1924/25	Mekka und Medina werden von den Saudis kontrolliert, die 1932 das saudi-arabische Königreich ausrufen; die Lehre der Wahhabiten wird Staatsdoktrin
	Gründung der Arabischen Liga in Kairo
1928 1930	Mohammed Iqbal (1877–1938), moderner Politiker und Dichter, regt die Trennung Pakistans von Indien an; Mohammed Ali Dschinnah (1876–1948), Führer im Kampf für einen Muslim-Staat Pakistan
1947	Gründung des islamischen Staates Pakistan, Loslösung von Indien; vorausgegangen waren blutige Auseinandersetzungen mit Hindus, die Gandhi nicht verhindern konnte, ebensowenig wie die Teilung des indischen Subkontinents in Indien und Pakistan/Bangladesch
1948	Proklamation des Staates Israel, der von den arabischen Staaten nicht anerkannt wird; Unabhängigkeitskrieg Israels gegen die Araber
1949	Unabhängigkeit Indonesiens, Libyens, Tunesiens, Marokkos und Algeriens
ab ca. 1953	islamischer Sozialismus in Ägypten, Algerien, Syrien und Libyen
1956	erfolgreicher Sinaifeldzug Israels gegen Ägypten
ab ca. 1960	Bemühungen der christlichen Kirchen um eine Verbesserung der Beziehungen zum Islam
1962	Gründung der Liga der islamischen Welt
1963	»Weiße Revolution« des Schahs im Iran; ein Militärputsch in Syrien bringt die Baath-Partei an die Macht; Militärputsch im Irak
1967	Sechstagekrieg Israels mit den arabischen Staaten; Israel erobert Ost-Jerusalem, den Sinai und die Golanhöhen
ab ca. 1970	Ausbreitung reformerischer und fundamentalistischer Tendenzen in mehreren islamischen Ländern; Re-Islamisierung
1971	Ostpakistan wird als islamischer Staat Bangladesch selbstständig
1973	Oktober-Krieg (isr.: Yom-Kippur-Krieg) Ägyptens gegen Israel mit Teilerfolgen der Ägypter
1979	Ägyptisch-israelischer Friedensvertrag; Rückgabe des Sinai an Ägypten
1979	Islamische Revolution in Persien; Khomeini (1902–1989) stürzt den Schah und errichtet einen islamischen Staat, in dem die Theologen die Regierungsgewalt inne haben
1980–1988	erster Golfkrieg zwischen den islamischen Staaten Irak und Iran
1981	Ermordung des ägyptischen Präsidenten Anwar el-Sadat durch die islamische Jihad-Gruppe
1986	Friedensgebet in Assisi, an dem u. a. Papst Johannes Paul II., Vertreter der christlichen Kirchen und des Islam teilnehmen
ab 1987	Beginn der Intifada, des Aufstands der Palästinenser gegen Israel
1988	Pakistans Premierministerin Benazir Bhutto wird die erste Regierungschefin in einem islamischen Staat
1989	Gründung der islamischen Heilsfront (FIS) in Algerien; Verbot der FIS; seit 1992 blutiger Bürgerkrieg
1991	zweiter Golfkrieg zwischen Irak unter Saddam Hussein und den USA; Raketen auf Israel
1991	nach dem Zusammenbruch der Sowjetunion werden sechs islamische Staaten unabhängig: Kasachstan, Kirgisien, Tadschikistan, Usbekistan, Turkmenistan und Aserbaidschan
1993	am 13. 09. unterzeichnen Israel und die PLO in Washington das Gaza-Jericho-Abkommen (bekannt als Friedensabkommen von Oslo I)
1995	Arafat und Rabin unterzeichnen das Abkommen von Taba in Washington (Friedensabkommen von Oslo II) zur Erweiterung der palästinensischen Selbstverwaltung
1996	Einzug der Taliban in Kabul (Afghanistan)
1998	Gründung der Terrororganisation »Internationale Islamische Front für den Heiligen Krieg gegen Juden und Kreuzzügler« durch Ussama Ibn Ladin; Terroranschläge gegen die US-Botschaften in Kenia und Tansania
2000	erneute Eskalation des israelisch-palästinensischen Konflikts; Beginn der »Al-Aqsa Intifada«
2001	Anschläge der Terrororganisation von Ussama Ibn Ladin in New York und Washington am 11.09.; Beginn eines Antiterrorkriegs der USA und ihrer Verbündeten; Sturz des Taliban-Regimes in Afghanistan
2002	Friedensgebet in Assisi, an dem u. a. Papst Johannes Paul II. sowie hochrangige Vertreter des Islam teilnehmen

3. Zur Geschichte des Islam

Die Ausbreitung des Islam

Die rasche Ausweitung der umma [der islamischen Gemeinde] auf der Arabischen Halbinsel setzte sich nach dem Tode Muhammads unter den Nachfolgern (arab. Khalifa, dt. Kalif) Abū Bakr (632–634), 'Umar (634–644), 'Uthmān (644–656) und 'Alī (656–661) in nichtarabischem Gebiet fort: 639–642 wurde Ägypten erobert, 640–642 Persien. Unter der Dynastie der Umaiyaden (661–750) wurden weitere Gebiete dazugewonnen. 670 folgte die Eroberung Nordwestafrikas, 711 kamen die Araber nach Spanien, bevor ihr Vordringen nach Frankreich 732 bei Tours und Poitiers (Karl Martell) gestoppt wurde.

Auch im Osten des Reiches setzte sich unter den Umaiyaden und noch mehr unter dem Kalifat der abbasidischen Dynastie (749–1258) die Ausweitung des islamischenReiches bis nach Indien fort. Einer sehr groben historischen Einteilung zufolge kann gesagt werden, dass die ersten 700 Jahre der islamischen Zeitrechnung den Aufbau der islamischen Herrschaft in den sog. Kernländern (Nordafrika, Ägypten, Vorderer Orient, teilweise Türkei, Irak und Iran) und die nächsten 700 Jahre die Ausweitung in weitere Länder Asiens und Afrikas hinein (z. B. Indien, Indonesien, Schwarzafrika) brachten.

Obwohl der Kalif bis zur Abschaffung des Kalifates 1924 der umma vorstand, war seine Macht im Laufe der Geschichte immer geringer geworden. Politisch musste er sie bald mit manchem lokalen Herrscher teilen, bis sie unter den Osmanen (1290–1918) ganz auf den

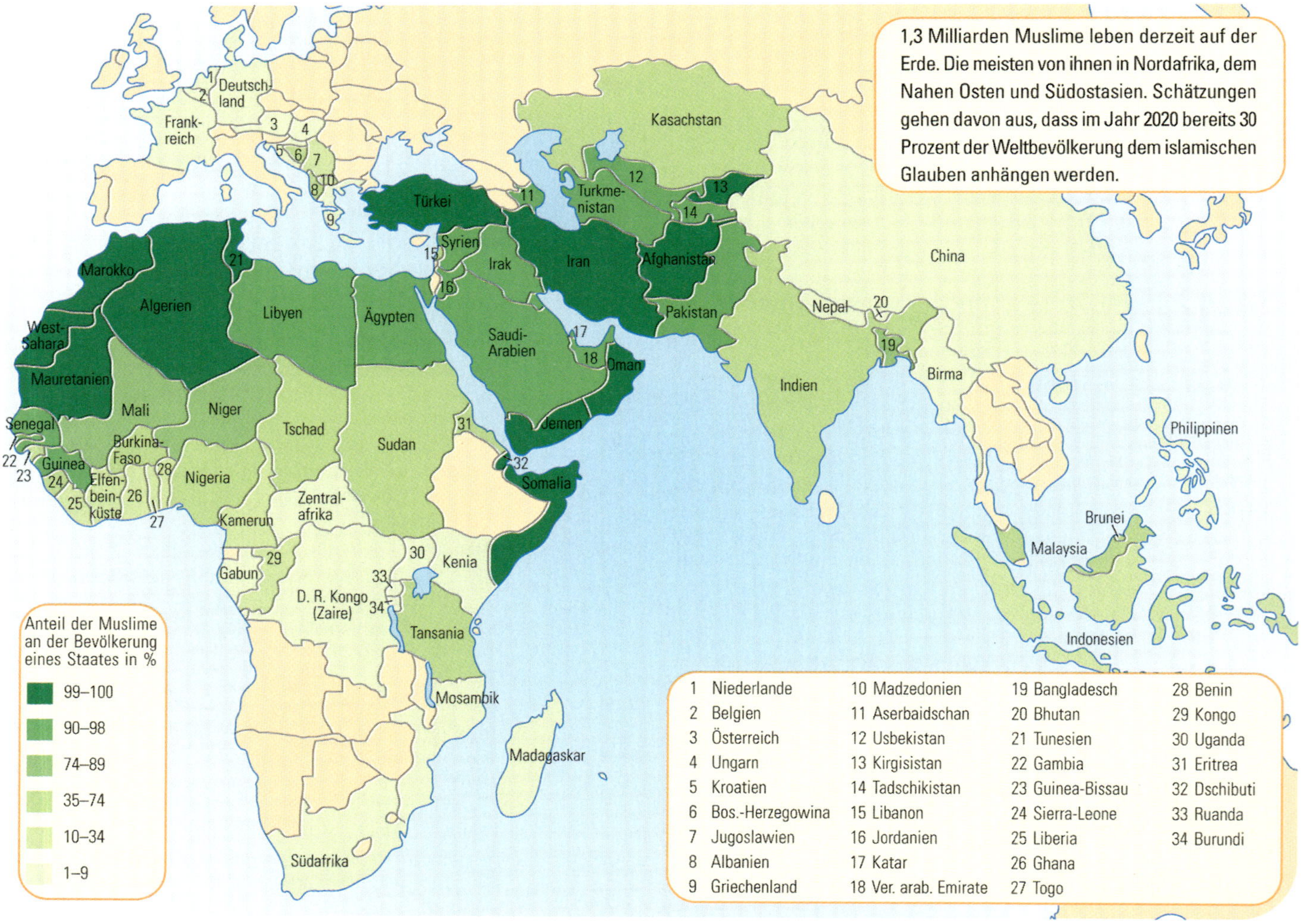

Sultan übergegangen war und ihm nur noch die religiöse Leitungsfunktion verblieb. Religiös konnte der Kalif aber auch nicht seine allgemein gültige Führungsposition durchsetzen. Gleich nach dem Tode 'Alīs traten dessen Anhänger als Antwort auf die Einführung des erblichen Kalifats der umaiyadischen Dynastie für ein erbliches Kalifat der 'Alī-Nachkommen ein. Die Partei (arab. Shīa, dt.Schia, Schiiten) 'Alīs lehnte das umaiyadische Kalifat in Damaskus ab, ging in den Untergrund und kämpfte für den Führungsanspruch der 'Alī-Nachkommen: Hasan (gest. 669), Husain (gest. 680) usw. Spätere Spaltungen innerhalb der Shiiten bewirkten, dass die Zahl ihrer jeweils anerkannten Führer (Imane) sowie die Namen der jeweils letzten in der Reihe von Gruppe zu Gruppe variieren. [...]
Auch die kaliftreue Mehrheit der Muslime (Sunniten, heute ca. 90% aller Muslime in der Welt) ist kein monolithischer Block. Unterschiedliche Auslegungstraditionen, vor allem in Rechtsfragen, haben sich im 8./9. Jh. herausgebildet und zu unterschiedlichen Rechtsschulen (der hanbalitischen, hanafitischen, malikitischen und schafiitischen) geführt.
Neben den Shiiten und Sunniten ist mit Blick auf den frühen Islam noch die Gruppe der Khāridiiten zu erwähnen, die aus der umma auszog, weil nach ihrer Meinung nur der Kalif werden oder bleiben sollte, dessen moralische und religiöse Qualitäten ihn dazu befähigten, auch wenn es ein schwarzer Sklave wäre. Die Herrschaft der Muslime über die sog. Kernländer bedeutete anfangs keine Islamisierung dieser Gebiete. Erst viel später ging mit der langsam einsetzenden Arabisierung auch eine Islamisierung einher, die bis heute spürbar ist. Zugleich bewirkte die Begegnung mit der christlichen Kultur in Ägypten und Syrien sowie mit manichäischem Gedankengut im Irak/Iran einen kulturell fruchtbaren Kontakt mit der griechischen Philosophie und theologischem Systemdenken, was beides dem Islam ursprünglich fremd war. Muslimische Denker ließen sich auf die Herausforderung ein und schufen in Auseinandersetzung damit kulturelle Höchstleistungen auf dem Gebiet der Theologie, Philosophie, Wissenschaft und Kunst, die ihrerseits zur Herausforderung für das christliche Abendland wurden. *Peter Antes*

Sunna und Rechtsschulen

Sunna (arab. »gewohnte Handlung, eingeführter Brauch«) bezeichnet im Islam die prophetische Tradition, die in der islamischen Glaubens- und Pflichtenlehre die zweite Quelle religiöser Normen nach dem Koran darstellt. Neben überlieferten Worten und Handlungen des Propheten standen dafür in der Frühzeit das Vorbild und die Äußerungen seiner prominenten Gefährten zur Verfügung, die als Vertreter und Garanten seiner Tradition anerkannt waren. Hiermit verbunden blieb die Anerkennung der Rechtmäßigkeit der ersten vier »Rechtgeleiteten Kalifen« gegenüber den Ansprüchen der Schiiten, die allein 'Alī als legitimen Nachfolger des Propheten ansahen. Die S. des Propheten und die Anerkennung der »Rechtgeleiteten Kalifen« wurde zum weithin anerkannten Maßstab für die politische, rechtliche und religiöse Praxis und bereits recht früh zum Gegenstand von Lehre und Bildung. Neben dem Kalifat als zentraler politischer und religiöser Institution entstanden in verschiedenen regionalen Zentren des islamischen Reiches wie Mekka, Medina, Damaskus, Basra und Kufa eigene Lehrtraditionen, die sich auf verschiedene Prophetengefährten beriefen und aus denen die späteren Rechtsschulen hervorgingen. Den Gegnern des Kalifates, insbesondere den Schiiten, die den Nachkommen des Propheten weiterhin die höchste politische und religiöse Autorität zusprachen, stellten sich die entstehenden sunnitischen Rechtsschulen mit dem Anspruch entgegen, die authentische Tradition des Propheten und den Konsens der Gemeinschaft der Muslime zu vertreten. Dieser Anspruch wurde schließlich auch von den 'abbâsidischen Kalifen anerkannt. In der Auseinandersetzung mit der Schia und ihrer Kritik an den Prophetengefährten, aber auch im Disput um die Lehrmeinungen der verschiedenen Rechtsschulen, verlagerte sich die inhaltliche Begründung der S. immer mehr auf die Überlieferung vom Propheten selbst. Der prophetische Hadîth, der seit dem ausgehenden 9. Jh. in großen, weithin anerkannten Sammlungen vorlag, wurde innerhalb des islamischen Rechts so stark aufgewertet, dass die Begriffe »S.« und »Hadîth« im Verständnis der sunnitischen Muslime im Laufe der Zeit weitgehend zur Deckung kamen. [...] – Die

Ahmadiya,
sunnitische millenaristische Bewegung, gegründet 1889 im heutigen Pakistan von Mirzâ Ghulâm Ahmad (1835–1908). Eine göttliche Offenbarung eröffnete ihm nach eigenem Bekunden, dass er der Reformer seiner Zeit, der christliche Messias und der islamische Mahdi in einer Person sei. Die strittige Frage von Ghulâm Ahmads Prophetentum führte 1914 zur Spaltung der A. Trotz der Zurückweisung dieses Anspruchs durch Ahmad selbst bestand eine Minderheit auf seinem Prophetentum. Ihre Haltung führte dazu, dass die pakistanische Regierung 1974 Gesetze zur Ausgrenzung der A. erließ, die zur Verfolgung beider Gruppen führten. Zudem wurde die A. auch von der Liga der islamischen Welt aus der islamischen Glaubensgemeinschaft ausgeschlossen. Seit 1984 ist es den Ahmadis in Pakistan unter Strafandrohung untersagt, sich selbst als Muslime zu bezeichnen und die islamischen Gebote zu befolgen. [...] Ziel der A. ist die Verbreitung eines reformierten Islams mit friedlichen Mitteln. Die Zahl ihrer Anhänger beläuft sich auf etwa 1 Mio., die Hälfte von ihnen lebt auf dem indischen Subkontinent. Weitere bedeutende Gemeinden finden sich in Indonesien sowie in West- und Ostafrika. Die erste Moschee in Deutschland wurde 1923 von der A. in Berlin errichtet [...]. Heute betreuen die Ahmadis ca. 50000 Anhänger in der Bundesrepublik, darunter ca. 400 Deutsche. Zentrale Einrichtung der A.-Muslim-Bewegung ist die Nûr-Moschee in Frankfurt am Main.
Anja Pistor-Hatam

Aleviten

(osman.: 'alevī, »'Alī-Verehrer«), früher als Fremdbezeichnung auch »kızılbaş« (türk. »Rotkopf«) genannt. Die A. leben v. a. in Zentralanatolien (Kayseri, Sivas, Divriği), seit der Landflucht in den 1950er Jahren aber auch in den großen Städten. Sie machen 15–30% der türk. Bevölkerung aus. Ein Drittel ist kurdischsprachig. Die Aleviten sind ursprünglich im 14./15. Jh. in Ostanatolien innerhalb der mystischen Bruderschaft der Safawîya entstanden. Als diese im 16. Jh. zur persischen Dynastie der Safawiden aufstieg, verloren die türkischen Anhänger den Kontakt und entwickelten sich zu einer eigenständigen, esoterischen und endogamen Glaubensgemeinschaft. Aufgrund schwerer Verfolgungen hielten die Aleviten jahrhundertelang ihre Religion geheim. Sie haben kein einheitliches religiöses Dogma, verehren 'Alī und lehnen die Fünf Säulen des Islam ab. Das bedeutendste Ritual ist die Versammlung der Gläubigen (türk. âyin-i cem), bei der Frauen teilnehmen und Alkohol getrunken wird. Seit 1950 begann die traditionelle Ordnung der Aleviten zu zerfallen, sodass bis Ende der 1980er Jahre die religiösen und sozialen Strukturen weitgehend verloren waren. Seit den 1990er Jahren ist eine Revitalisierung der alevitischen Gemeinschaft festzustellen. Die Aleviten versuchen heute, offiziell vom türkischen Staat als soziale, ethnische und religiöse Gruppe anerkannt zu werden. *Patrick Bartsch*

❖ *Wodurch kam es zu den geschilderten Spaltungen des Islam und was unterscheidet die verschiedenen Richtungen?*

Anerkennung der vier Rechtsschulen [der Hanafiten, Mâlikiten, Shâfiiten und Hanbaliten] als Garanten der prophetischen Tradition ist heutzutage im sunnitischen Islam nicht mehr unumstritten. Seit dem 17. Jh. mehrte sich die Kritik der autoritären Bindung an den Lehrkonsens der einzelnen Schulen, die mit der Forderung nach Rückkehr zum authentischen Prophetenwort verbunden war. Diese Kritik kam häufig von religiösen Gelehrten und Lehrern außerhalb der etablierten religiösen Hierarchien im Bildungs- und Rechtswesen. Nicht selten waren diese Gelehrten ländlicher oder provinzieller Herkunft oder kamen aus Randregionen der etablierten islamischen Staatenwelt. Kritik an den Rechtsschulen kam aber auch von Herrschern und Bürokraten innerhalb der islamischen Staaten selbst, die sich z. B. in Marokko seit dem 18. Jh. um eine verstärkte staatliche Kontrolle der rechtlichen und bildungsmäßigen Institutionen bemühten. [...] Diese Tendenzen verstärkten sich im 20. Jh. in den älteren wie den neuen Nationalstaaten der islamischen Welt, in denen der Staat nicht nur Bildung und Rechtswesen, sondern auch die religiösen Institutionen und die Stiftungen weitgehend unter Kontrolle nahm. Obwohl die Lehrmeinungen der Rechtsschulen vielfach Eingang in die nationale Gesetzgebung gefunden haben, sind sie doch der Autorität der Rechtsschulen selbst weitgehend entzogen. Die Entwicklung des nationalen Rechtssystem ist ebenso wie die Rechtsprechung selbst weitgehend in die Hände akademisch gebildeter Juristen übergegangen. Elite- wie Massenbildung lockern in den zeitgenössischen Staaten der islamischen Welt die Bindung an die Autorität der Rechtsschulen, und zwar an ihre etablierten Lehrmeinungen ebenso wie an ihre Methodik der Interpretation. An ihre Stelle tritt mehr und mehr die Autorität staatlicher oder internationaler islamischer Gremien sowie die eigene Meinungsbildung, für die persönliche Beziehung zur prophetischen Tradition immer mehr an Bedeutung gewinnt. Die Frage nach Einheit und Vielfalt innerhalb dieser Tradition tritt dabei zurück gegenüber der Spannung zwischen staatlicher Autorität und individueller religiöser Verantwortung.

Stefan Reichmuth

Shiiten (auch Schia, vom arab. shî'at 'Alī, »die Partei 'Alīs«)

Die S. stellen mit einer Gesamtzahl von etwa 110 Mio. Menschen 10–15% der Muslime. Die größte schiitische Fraktion ist die Zwölferschia mit Zentren im Südirak, Iran und auf dem indischen Subkontinent sowie mit bedeutenden Minderheitsgruppen in Afghanistan, Libanon, Zentralasien, der Türkei und den arabischen Golfstaaten. Von den in Deutschland lebenden ca. 2,8 Mio. Muslimen (1997) sind etwa 120000–125000 schiitischen Bekenntnisses. Nach dem Tod des Propheten Muhammad zerstritten sich die Gläubigen in der Frage seiner Nachfolge als Leiter der Gemeinde. Während die Mehrheit der Muslime, die Sunniten, die vier sogenannten »rechtgeleiteten Kalifen« anerkennt, halten die S. einzig den vierten von ihnen, den Vetter und Schwiegersohn des Propheten, 'Alī ibn 'Abī Tâlib, für seinen rechtmäßigen Nachfolger. Sie berufen sich dabei auf zwei Aussprüche Muhammads, die sie in diesem Sinne interpretieren. Grundlegend für die Zwölferschia ist die Imâmatslehre, welche eine Kette von zwölf Imâmen annimmt, angefangen mit 'Alī als erstem und seinen Söhnen Hasan und Husain als zweitem und drittem Imâm. Das Imâmat wird an die direkten männlichen Nachkommen der Prophetenfamilie (Muhammad, Fatima und 'Alī) weitergegeben, denen – bis auf 'Alī – das Recht auf weltliche Macht vorenthalten worden sei. Die Imâme gelten den S. als sündenlos und unfehlbar. Nach schiitischer Lehre ist der Zwölfte Imâm nicht gestorben, sondern lebt in der Verborgenheit fort und wird eines Tages als Messias, »der Rechtgeleitete« (Mahdi), erscheinen, um die Herrschaft der Tyrannen zu beenden und Gerechtigkeit walten zu lassen. [...] Im Gegensatz zu den Sunniten glauben die S., dass der Koran erschaffen sei. [...] Traditionell waren sie auf politische Abstinenz bedacht, auch wenn es immer wieder zu politischer Kooperation und zur Übernahme von Ämtern kam. Hierbei war S. in hohen Positionen die Tatsache von Nutzen, dass es ihnen erlaubt, ja sogar geboten war, das eigene Bekenntnis in einer diesem feindlich gesonnenen Umwelt [...] zu verbergen (arab. taqiya). Politischer Aktivismus, um die weltliche Herrschaft mit der Scharia in Übereinstimmung zu bringen, der bis zum Sturz einer Regierung führen konnte, zeigte sich im 20. Jh. in der Iranischen Revolution. *Anja Pistor-Hatam*

Die Vertiefung des Liebesbegriffs in der islamischen Mystik

Allerdings sind die Theologen und Juristen nicht die einzigen Repräsentanten des Islam. Neben der »Gesetzesreligion« und keineswegs notwendigerweise im Widerspruch zu ihr gab es von Anfang an immer auch die Welt der persönlichen Gottsuche und der Mystik, in der die Liebe – im reziproken Sinne: als Liebe Gottes zum Menschen und als Liebe des Menschen zu Gott – von zentraler Bedeutung war, als höchste Verwirklichung des Aufstiegs zu Gott, gleichbedeutend mit dem Entwerden in ihm. Hier vertiefte sich der Kontakt mit Gott bis zum Du, in dem das Ich sich völlig auflöst. Zu den ältesten Texten, die uns über dieses Phänomen Auskunft geben, gehören die Gedichte und Aussprüche einer Frau, die im 8. Jahrhundert unserer Zeitrechnung in der irakischen Stadt Basra lebte. Weit bekannt waren die folgenden Verse:

»Auf zwiefache Weise liebe ich Dich: in selbstischer Hingabe oder weil Du dessen wert bist.
Selbstische Hingabe heißt, dass ich aufgehe im Gedenken an Dich, fern von allem außer Dir.
(Liebe) aber, die Deiner wert ist,
heißt, dass Du die Schleier hebst, sodass ich Dich schaue.
Weder das eine noch das andere ist mein Verdienst; für beides gehört Dir aller Preis!«

[...] Wir müssen uns natürlich fragen, wie maßgeblich solche Gedanken für die islamische Kultur gewesen sind. Da ist nun wichtig zu wissen, dass die Mystik nicht, wie im Abendland, Angelegenheit von Einzelpersönlichkeiten blieb, sondern im Laufe der Jahrhunderte mehr und mehr unters Volk ging. Gemeinschaften entstanden, Orden, denen zum Beispiel in der späteren Osmanenzeit, im 19. Jahrhundert vor allem, weite Kreise der Bevölkerung angehörten, Handwerker ebenso wie Rechtsgelehrte, arme Teufel ebenso wie mächtige Militärs. Aufgekommen war die Bewegung als Reaktion gegen die starke Juridifizierung und Intellektualisierung des Islam, gegen die Welthaftigkeit, die in dem kasuistischen Aufgehen ins Detail sichtbar wurde. [...]; aber zum Schluss stellte sich heraus, dass beides sich miteinander verbinden ließ. Herz und Verstand, unmittelbare Erfahrung Gottes und genaueste Beachtung seiner Gebote waren keine Gegensätze. Das bedeutete natürlich eine gewisse Verflachung; in den Orden bot Mystik den Menschen die Annehmlichkeiten eines Klubs. Aber es heißt auch, dass Begriffe wie Liebe oder Aufgehen in Gott ins allgemeine Bewusstsein eindrangen.
Da es uns hier vornehmlich um das Selbstverständnis des heutigen Islam geht, ist es ebenso wichtig zu wissen, dass diese mystischen Bruderschaften in den Kernländern des Islam seit einiger Zeit stark an Boden verloren haben. Den Nationalisten sind sie ein Dorn im Auge, weil sie das Gemeinschaftserlebnis anderswo suchen als in der Nation; den Fundamentalisten sind sie zuwider, weil sie sich zu weit von der paradigmatischen Nüchternheit des Ur-Islam entfernt haben. Nur in den Randgebieten, in Afrika zum Beispiel oder in Indien, spielen sie weiter eine große Rolle. Das bedeutet, dass mystische Werte heutzutage häufig affektisch abgelehnt werden, vor allem von Intellektuellen und Ideologen.
Und ein Zweites muss man bedenken: Mag die Liebe in der Mystik auch als religiöse Kategorie stark in den Vordergrund treten, so ist sie doch im Allgemeinen keine Liebe zwischen gleichwertigen Partnern, sondern Liebe, in dem einer der Partner, nämlich Gott, sich allmählich ganz an die Stelle des andern setzt. Für den Menschen bedeutet sie nicht Einswerden, sondern Entwerden, Erfüllung eher im Sinne der Entpersönlichung. Zwar sprechen die Mystiker manchmal von einem »Weiterbleiben« nach dem »Entwerden«, einem Zustand, in dem die Person sich in Gott wiederfindet. Aber sie wissen doch sehr wenig darüber zu sagen. Letzten Endes schwingt auch in dieser Liebe das Element der Unterwerfung mit. Gott spielt in der mystischen Poesie immer die Rolle dessen, der die Liebe empfängt, des Geliebten; der Geliebte aber hat, so wusste man, den Liebhaber völlig in der Hand. *Josef van Ess*

Mystik
(auch Sûfismus, arab. taṣawuf). Verschiedene Ziele [...] werden von ihren Vertretern, den Sûfis, beschrieben: U. a. das Entwerden des Ich, die Versenkung in Gott und die Propheten, die Verinnerlichung der Scharia, die Erlangung gnostischen Wissens. Mystische Philosophie – als ihr wichtigster Vertreter gilt Ibn 'Arabî († 1240) – beschäftigt sich mit Fragen der Metaphysik und der Anthropologie und schafft so die theoretischen Grundlagen für die sûfische Ethik und Praxis. [...] Der Weg wird oft metaphorisch als Reise beschrieben: Am Beginn bereut der Adept seine Sünden, dann bemüht er sich, immer höhere Stufen hin zum Ziel der Entwerdung zu beschreiten. Dabei helfen ihm verschiedene Praktiken: die zeitweilige Absonderung, intensives Fasten, nächtliches Wachen, Dhikr [Meditation] u. a. [...] Durch die gesamte islamische Geschichte zieht sich die Kritik an unorthodoxen Theorien und Praktiken innerhalb des Sûfismus [...]. Dennoch bildet die M. seit der Frühzeit einen zentralen Teil der islamischen Kultur [...]. Im 19. Jh. wurde der Sûfismus von vielen Vertretern des Reformislam pauschal als »Aberglaube« oder unrechtmäßige Neuerung (arab. bid'a) abgelehnt. Jedoch werden bis heute sûfische Lehren und Praktiken von zahlreichen Muslimen geschätzt. Viele Konvertiten, auch in Deutschland, finden den Weg zum Islam über die Verbindung zu einer sûfischen Bruderschaft. Ralf Elger

❖ *Erklären Sie die Unterschiede zwischen einer »theologischen« und einer »mythischen« Zugangsweise zum Glauben.*
❖ *Viele Religionen kennen mystische Tendenzen: Worin liegt deren Attraktivität?*

4. Grundpositionen des Islam

Anleitung zum rechten Glauben und Leben durch den Koran

Im Namen Gottes, des barmherzigen Erbauers. Dies [der Koran] ist ein vollkommenes Buch; es ist kein Zweifel darin; eine Richtschnur für die Rechtschaffenen; die da glauben an das Ungesehene und das Gebet verrichten und spenden von dem, was wir ihnen gegeben haben; und die glauben an das, was wir ihnen gegeben haben; und die glauben an das, was vor dir offenbart ward, und fest auf das bauen, was kommen wird. Sie sind es, die der Führung ihres Herrn folgen, und sie werden Erfolg haben.
Sure 2,1–4

Ihr Gläubigen! Glaubt an Gott und seinen Gesandten und die Schrift, die er auf seinen Gesandten herabgesandt hat, und die Schrift, die er (schon) früher herabgesandt hat! Wer nicht an Gott, seine Engel, seine Schriften, seine Gesandten und den jüngsten Tag glaubt, ist (damit vom rechten Weg) weit abgeirrt.
Sure 4,136

Der Koran – das Buch Gottes

Für den Muslim ist der Koran wichtigster Glaubensinhalt, der die Bedeutung, welche die Bibel für die Christen hat, weit übersteigt. [...]
Die heilige Offenbarungsnacht des Islam wird folgendermaßen beschrieben:

»Siehe, WIR ließen IHN niedersteigen zur Herrlichen Nacht.
Kannst du dir ausdenken, was diese herrliche Nacht?
Diese herrliche Nacht ist besser als tausend Monde.
Da stiegen die Engel herab und der Geist auf ihres Herrn Geheiß mit der Ganzheit des Wortes.
Heilbringend war sie bis zum Aufstieg des Morgenrots.«
(Sure 97 in der Übersetzung von Claus Schedl)

[...]
Der Koran ist das »Wort Gottes«. Doch hat nicht etwa ein Mensch aufgrund göttlicher Eingebung diese Schrift verfasst. Der Prophet verhielt sich nämlich beim Offenbarungsempfang vollkommen passiv. Der verbal inspirierte Koran darf nicht mit Werken menschlicher Literatur auf eine Stufe gestellt werden. Die Sprache des Korans ist das Arabische, das damit zu einer heiligen Sprache wird.
Zwar wurde der Koran später zum Zweck der religiösen Unterweisung in die verschiedensten Sprachen übersetzt, aber trotzdem kommt dem arabischen Original bis heute eine unvergleichliche Bedeutung zu. Jeder islamische Theologe muss daher auch des Arabischen mächtig sein. Der Koran ist das Abbild eines präexistenten Urbuches, der »Mutter des Buches«, mit der er genau übereinstimmt. Gott selbst hat mit der »göttlichen Feder« diese Schrift verfasst. Nicht nur der gesamte Koran, sondern jeder einzelne Vers gilt als Wunderzeichen (Aya). Später arbeiteten islamische Theologen die Lehre von der Unübertrefflichkeit des Korans aus, der keine inneren Widersprüche und nur zutreffende Prophezeihungen, ja sogar die Vorwegnahme einer Reihe naturwissenschaftlicher Erkenntnisse enthalte. *Monika Tworuschka*

Der Koran – Das Wort Gottes

Muhammad erhält [...] die Aufforderung, das ihm übermittelte göttliche Wissen herzusagen und seinen Mitmenschen kundzugeben: Der Schöpfer weist den Propheten auf die Kreatürlichkeit des Menschen hin, und dies ist das Kernthema der göttlichen Botschaft, deren Urschrift nach islamischer Vorstellung auf einer »wohlverwahrten Tafel« (Sure 85, Vers 22) im Himmel aufgezeichnet ist. Der Koran gilt darum als das ewig gültige, noch vor der Schaffung der Welt aufgeschriebene Gotteswort, das durch die Rezitation stets aufs Neue den Menschen ins Gedächtnis gerufen werden soll. Denn nur so werden sie des heilswichtigen Wissens inne, das in diesem Gotteswort liegt. [...]
Die Verseinteilung der Suren ergibt sich in der Regel ohne Schwierigkeiten aus den Reimen, die je eine Einheit von Wörtern – den Vers – abschließen. Denn der ganze Koran ist in Reimprosa abgefasst: Mehrere Verse enden auf einen bestimmten Reim, sie sind jedoch nicht nach metrischen Schemata aufgebaut, wie sie etwa in der altarabischen Poesie benutzt werden. So ist die koranische Reimprosa eine Art von Dichtung, die in stark rhythmisierter Sprache vorzutragen ist. Die Zahl der Silben eines Verses oder auch die Anzahl der rhythmischen Hervorhebungen ist nicht festgelegt. Dagegen treten Wort- und Satzakzent stark in den Vordergrund. Beim Vortrag der Reimprosa werden manche Wörter oder Silben sehr in die Länge gezogen. Der Zwang, jeden Vers mit einem Endreim abzuschließen, hat im Satzbau und in der Wortwahl zu einigen Abweichungen von der Norm geführt, die nicht immer eindeutig geklärt werden können. Es finden sich meist Folgen von mehr als zwei Versen, die auf den gleichen Reim ausgehen. Um dem deutschen Leser einen ungefähren Eindruck von der koranischen Reimprosa zu geben, sei hier ein Teil der 53. Sure in der Übertragung von Friedrich Rückert zitiert, dessen Nachdichtungen die Form des Originals wiederzugeben beabsichtigen:
1 Beim Stern, der flirrt! 2 Nicht euer Genosse tört noch irrt, 3 spricht nicht aus eigner Begierd', 4 es ist, was offenbar ihm wird. 5 Ihn lehrte ein hochstrebender 6 gewaltiger, stätschwebender, 7 am

Himmel hoch sich hebender, 8 dann naht er sich und kam hernieder, 9 und war zwei Ellen weit und minder, 10 und offenbarte seinem Knecht, was er ihm offenbarte; 11 nicht log das Herz, was das Auge gewahrte. 12 Wollet ihr abstreiten ihm, was er gewahrte? 13 Dann sah er ihn das andremal 14 beim Sidrabaum am Grenzepfahl, 15 wo der Wohngarten sich erstreckt; 16 da hat den Sidrabaum bedeckt, was ihn bedeckt. 17 Es wankte nicht und irrte nicht sein Blick erschreckt. 18 Von Zeichen seines Herrn sah er das große.

[...] Die Einteilung des Muhammad geoffenbarten Gotteswortes in Suren und die Verszählung, die Reihenfolge der Suren und deren Benennung, all dies ist das Ergebnis einer umfangreichen redaktionellen Tätigkeit, die schon bald nach Muhammads Tod einsetzte.

[...] Die Verlagerung der politischen Macht in die neu gewonnenen Randzonen der Arabischen Halbinsel ist nun auch für die Geschichte des Korans von großer Tragweite. Es kamen dort Koranrezensionen in Gebrauch, die in vielen Einzelheiten voneinander abwichen und daher zu einer Quelle von Streitigkeiten wurden. Der Kalif ʿUtmân rief deshalb ein Gremium ins Leben, dem auch Zaid b. Tâbit angehörte, und beauftragte die Mitglieder, die Koranblätter, die sich im Besitz der Hafsa, der Tochter ʿUmars, befanden, auf die Sprache hin zu überprüfen und gegebenenfalls unter Zugrundelegung des Sprachgebrauchs der Qurais, des mekkanischen Stammes, dem der Prophet angehörte, zu berichtigen. Nachdem diese Arbeit beendet worden war, ließ ʿUtmân mehrere Kopien dieser Rezension ausfertigen und in die Heerlagerstädte schicken. Die dort in Gebrauch befindlichen Koranexemplare wurden eingezogen und vernichtet. So lautet die gängige Fassung der islamischen Geschichtsschreibung über die Erarbeitung eines allgemein verbindlichen Korans. Sie stellt zwischen Zaids erster, durch Abū Bakr angeregter Version und der ʿutmänischen insofern eine Verbindung her, als sie behauptet, jenes erste Exemplar des Zaid sei von Abū Bakr seinem Nachfolger ʿUmar vererbt worden; nach dessen Tod habe Hafsa es erhalten. Zaids erste Fassung sei mithin, von einigen sprachlichen Berichtigungen abgesehen, unverändert zur bis jetzt gültigen erhoben worden. [...]

Die im ʿutmänschen Koran vorgenommene Aufteilung des Inhalts ist zumindest für denjenigen, der sich einen Überblick über die Geschichte der islamischen Offenbarung und die Entwicklung des prophetischen Bewusstseins Muhammads verschaffen möchte, außerordentlich unzweckmäßig. Auch die islamische Theologie und die Rechtswissenschaft, die zur Auslegung einer bestimmten Stelle oft fragen mussten, wann und unter welchen Umständen sie Muhammad eingegeben worden sei, sahen sich veranlasst, Aufschluss über die historische Abfolge der Herabsendung der Koranverse zu suchen. Zu Beginn dieses Kapitels wurde darauf hingewiesen, dass Länge und Ausdrucksweise der Koranverse sehr verschiedenartig sind. In diesen stilistischen Unterschieden liegt der erste und wichtigste Schlüssel für eine Antwort auf

❖ *Vergleichen Sie die Entstehung, die Überlieferung und die religiöse Bedeutung des Koran, der jüdischen Thora und der Evangelien des christlichen Neuen Testamentes.*

❖ *Im 18. Jahrhundert – im Zeitalter der »Aufklärung« – begann in Europa ein textkritischer Umgang mit der christlichen Bibel, der letztlich zu einem neuen Verständnis des Christentums führte. Sehen Sie in den Überlegungen zur Zuordnung der Suren zu bestimmten Entstehungssituationen eine ähnliche Möglichkeit einer kritischen Hermeneutik?*

Werkzeuge des Kalligraphen: Papier, Tinte und Rohrfedern aus Bambus

Die Fünf Grundpfeiler des Islam

Der Prophet Mohammed soll folgende fünf Pflichten des Gläubigen als die Grundpfeiler (arkan) des islamischen Glaubens bezeichnet haben:

- *das Glaubensbekenntnis, die Schahada: »Es ist kein Gott außer Allah, und Mohammed ist sein Gesandter«;*
- *das tägliche Pflichtgebet, die Salat: Morgen-, Mittags-, Nachmittags-, Sonnenuntergangs- und Nachtgebet mit Blick gen Mekka;*
- *das Almosengeben, die Sakat: Almosensteuer für die Armen und die Sache des Glaubens;*
- *das Fasten im Monat Ramadan, der Saum: das jährliche einmonatige Fasten während des Tages;*
- *die Pilgerfahrt nach Mekka, der Hadsch: jeder Moslem soll einmal in seinem Leben zum Heiligtum der Kaaba in Mekka wallfahren.*

❖ *Welche Wirkung und welche Funktion hat jede dieser fünf Säulen a) für den Einzelnen und b) für die Gemeinschaft der Gläubigen?*

❖ *Welchen Sinn könnte es haben, dass der Islam das Gebet durch vorgeschriebene Gebetshaltungen und -zeiten ritualisiert hat?*

❖ *Kennen Sie in anderen Religionen vergleichbare Regelungen?*

❖ *Azzam meint, dass »Inhalt und Ziel« des Gebetes in fast allen Religionen gleich seien. Stimmt das?*

die Frage nach der zeitlichen Abfolge der Einzeloffenbarungen. Als Faustregel kann gelten, dass die Suren, die der frühesten Zeit des mekkanischen Wirkens des Propheten zuzuschreiben sind, nur wenige Verse umfassen und dass diese Verse zudem recht kurz sind. Die medinensischen Suren sind dagegen in der Regel viel länger, und ihre Verse enthalten häufig verwickelte Satzperioden. Dies ist nicht zuletzt durch den Inhalt bedingt, der als ein weiteres Kriterium hinzukommt, sobald man die Grundzüge der religiösen Entwicklung erkannt hat, die Muhammad während der über zwanzig Jahre seiner Prophetenschaft durchgemacht hat. In der frühen mekkanischen Phase steht er ganz unter dem Eindruck des erschütternden Erlebnisses eines unvermittelten Einbruchs des Heiligen in sein Leben. In Medina dagegen wirkt er als der Führer eines auf religiöser Grundlage beruhenden Gemeinwesens; in den Offenbarungen treten nunmehr gesetzliche Bestimmungen im weitesten Sinn in den Vordergrund.

Tilman Nagel

Das Gebet

Wie in fast jeder Religion steht das Gebet auch im Islam an erster Stelle. Die Formen in den einzelnen Religionen mögen verschieden sein, Inhalt und Ziel sind jedoch die gleichen. Im Islam werden die Gebete mit einer bestimmten Körperhaltung verbunden und von rituellen Texten begleitet; das Gebet ist immer ein geistiger Akt der Verehrung und Unterordnung unter den Willen Gottes, demonstriert als ein Mittel zur direkten Kommunikation des Menschen zu seinem Schöpfer. Der große Imam Sheik Mahmoud Schaltout nennt die Gebete »die fünf göttlichen Reisen«; die Vorschriften des Islam beziehen sich auf fünfmaliges Beten am Tage, nämlich auf das Morgengebet (zwischen Morgenröte und Sonnenaufgang); auf das Mittagsgebet (zwischen Mittag und der ersten Hälfte der Zeit bis zum Sonnenuntergang); auf das Nachmittagsgebet (in der zweiten Hälfte von Mittag bis Sonnenuntergang); auf das Sonnenuntergangsgebet (zwischen Sonnenuntergang und Ende der Dämmerung); und auf das Abendgebet (zwischen dem Ende der Dämmerung bis zum Beginn der Morgenröte). Die körperlichen Bewegungen und die Gebetstexte sind genau vorgeschrieben. Die Gebete haben ihren Anfang jeweils mit der Al-Fatiha-Sure, der ersten Sure des Koran, die wiederholt rezitiert wird neben anderen Koransuren, die der Betende dann selbst auswählt. Es steht dem Moslem frei, neben den fünf Pflichtgebeten weitere Gebete alleine oder innerhalb einer Gruppe zu verrichten. Das Verrichten der Gebete zusammen mit der eigenen Familie wird dem Beten ›alleine‹ vorgezogen. Die Ankündigung der Gebetszeit erfolgt durch den Muezzin mit dem vorgeschriebenen Text:

»Gott ist groß, ich bezeuge, dass es nur einen Gott gibt, und ich bezeuge, dass Mohammed der Gesandte Gottes ist. Auf zum Gebet, auf zum Heil. Gott ist groß, es gibt nur einen Gott.« In den Anfängen des Islam waren die Gebete in Richtung Jerusalem gerichtet bis zu dem Zeitpunkt, in dem der Koran befahl, in Richtung Mekka zu beten. Diese Vorschrift gilt ebenso, wenn ein Moslem sich auf Reisen in andere Länder befindet. Die Gebete bedürfen nicht der Anwesenheit in einer Moschee, sie können überall aus-

Gläubige beim Gebet in der Istiqlal-Moschee in Jakarta

geführt werden. Das Mittagsgebet an Freitagen soll der Moslem jedoch in einer Moschee innerhalb einer gleichgläubigen Gruppe halten. Die Besonderheit des Freitagsgebetes in der Moschee liegt auch in der dort stattfindenden Ansprache durch einen der Betenden. In islamischen Ländern ist somit der Freitag der wöchentliche Ruhetag, vergleichbar dem Sonntag in den westlichen Ländern. Ebenso obligatorisch ist das gemeinsame Gebet zum »Idul Fitr«, einem Fest am Ende des Fastenmonats Ramadan, und zum »Idul Adha«, dem Opferfest am Ende der Pilgerfahrt. Totengebete gehören nach islamischer Vorschrift zum Beisetzungsritual. Der Verstorbene wird gewaschen, in ein einfaches Leichentuch gehüllt und zur Moschee getragen, wo die Totengebete stattfinden. Die Beisetzung in der Erde geschieht ohne Pomp und große Grabanlagen. Jeweils vor dem Gebet ist der Moslem verpflichtet, sich zu waschen. Die sogenannte kleine Waschung, »wudu« genannt, besteht aus dem Waschen der Hände, Arme bis Ellenbogen, der Füße bis zum Knöchel, dem Gesicht, Kopf und Nacken. Mund und Nasenlöcher werden durch Wasserspülungen gereinigt. Mit der ›großen Waschung‹ ist ein Vollbad gemeint, dies ist unter anderem nach dem Beischlaf vorgeschrieben. Die Vorschriften des Islam legen bemerkenswerte Sorgfalt auf Hygiene und Sauberkeit. Der Prophet ging sogar soweit, den Moslems das Schneiden der Nägel und Haare sowie das Zähneputzen zu empfehlen. [...] Waschungen erfolgen immer mit sauberem Wasser. Sollte kein Wasser vorhanden sein, wie z. B. auf Reisen, besteht die Möglichkeit, sich trockenen Sandes als Ersatz zu bedienen. *Hamdy Mahmoud Azzam*

III. Einblick in die Ethik

Die Frömmigkeit besteht nicht darin, dass ihr euch (beim Gebet) mit dem Gesicht nach Osten oder Westen wendet. Sie besteht vielmehr darin, dass man an Gott, den jüngsten Tag, die Engel, die Schrift und Propheten glaubt und sein Geld – mag es einem noch so lieb sein – den Verwandten, den Waisen, den Armen, dem, der unterwegs ist, den Bettlern und für (den Loskauf von) Sklaven hergibt, das Gebet (salat) verrichtet und die Almosensteuer (zakat) bezahlt. Und (Frömmigkeit zeigen) diejenigen, die, wenn sie eine Verpflichtung eingegangen haben, sie erfüllen, und die in Not und Ungemach und in Kriegszeiten geduldig sind. Sie (allein) sind wahrhaftig und gottesfürchtig. (Sure 2, 177)

** die Vergeltung von Gleichem mit Gleichem*

❖ Vergleichen Sie die einzelnen Gebote dieser Sure mit denen des Dekalogs in Exodus 20, 1–21 der hebräischen Bibel und mit den Anweisungen in Lukas 18–25 und Matthäus 5 des »Neuen Testamentes« in der Bibel.

Die Gebote des Koran

22 Setz nicht (dem einen) Gott einen anderen Gott zur Seite, damit du (schließlich) nicht getadelt und verlassen dasitzt! 23 Und dein Herr hat bestimmt, dass ihr ihm allein dienen sollt. Und zu den Eltern (sollst du) gut sein. Wenn eines von ihnen (Vater oder Mutter) oder (alle) beide bei dir (im Haus) hochbetagt worden (und mit den Schwächen des Greisenalters behaftet) sind, dann sag nicht ›Pfui!‹ zu ihnen und fahr sie nicht an, sondern sprich ehrerbietig zu ihnen, 24 und senke für sie in Barmherzigkeit den Flügel der (Selbst)Erniedrigung (d. h. benimm dich ihnen gegenüber aus Barmherzigkeit freundlich und gefügig?) und sag: ›Herr! Erbarm dich ihrer (ebenso mitleidig), wie sie mich aufgezogen haben, als ich klein (und hilflos) war!‹ 25 Euer Herr weiß sehr wohl, was ihr in euch bergt. (Er erkennt) falls ihr rechtschaffen seid (euren guten Willen an, auch wenn ihr seinen Geboten nicht durchweg nachzukommen vermögt). Den Bußfertigen ist er bereit zu vergeben. 26 Und gib dem Verwandten, was ihm (von Rechts wegen) zusteht, ebenso dem Armen und dem, der unterwegs ist (oder: dem, der dem Weg [Gottes] gefolgt [und dadurch in Not gekommen] ist; w. dem Sohn des Wegs)! Aber sei (dabei) nicht ausgesprochen verschwenderisch! 27 Diejenigen, die verschwenderisch sind, sind Brüder der Satane. Und der Satan ist seinem Herrn gegenüber undankbar. 28 Und falls du dich von ihnen abwendest (ohne ihnen etwas zu geben), indem du erwartest, dass dein Herr, wie du hoffst, sich (ihrer) erbarmen wird (oder: indem du [auf Grund eigener Bedürftigkeit] erwartest, dass dein Herr, wie du hoffst, sich [deiner] erbarmen [und deine eigene Not beheben] wird?), dann sprich (wenigstens) begütigend zu ihnen! 29 Mach nicht, dass deine Hand (gleichsam) an deinen Hals gefesselt ist (d. h. knausere nicht mit deinen Gaben)! Aber streck sie (auch) nicht vollständig aus (indem du hemmungslos Geschenke austeilst), damit du (schließlich) nicht getadelt und (aller Mittel) entblößt dasitzt! 30 Dein Herr teilt den Unterhalt (reichlich) zu (w. breitet den Unterhalt [mit offener Hand] aus), wem er will, und begrenzt (ihn auch wieder) (w. mißt [ihn] ab). Er kennt und durchschaut seine Diener (d. h. die Menschen). 31 Und tötet nicht eure Kinder aus Furcht vor Verarmung! Wir bescheren ihnen und euch (den Lebensunterhalt). Sie zu töten ist eine schwere Verfehlung. 32 Und lasst euch nicht auf Unzucht ein! Das ist etwas Abscheuliches, eine üble Handlungsweise! 33 Und tötet niemand, den (zu töten) Gott verboten hat, außer wenn ihr dazu berechtigt seid! Wenn einer zu Unrecht getötet wird, geben wir seinem nächsten Verwandten Vollmacht (zur Rache). Er soll (aber) dann im Töten nicht maßlos sein (und sich mit der bloßen Talio* begnügen). Ihm wird ja (beim Vollzug der Rache) geholfen. 34 Und tastet das Vermögen der Waise nicht an, es sei denn auf die (denkbar) beste Art! (Lasst ihr Vermögen unangetastet) bis sie volljährig geworden ist (und selber darüber verfügen darf)! Und erfüllt die Verpflichtung (die ihr eingeht)! Nach der Verpflichtung wird (dereinst) gefragt. 35 Und gebt, wenn ihr zumesst, volles Maß und wägt mit der richtigen Waage! So ist es am besten (für euch) und nimmt am ehesten einen guten Ausgang. 36 Und geh nicht einer Sache nach, von der du kein Wissen hast! Gehör, Gesicht und Verstand (w. Herz.), – für all das wird (dereinst) Rechenschaft verlangt. 37 Und schreite nicht ausgelassen (und überheblich) auf der Erde einher! Du kannst (ja) weder ein Loch in die Erde machen (?) noch die Berge an Höhe erreichen. 38 Jedes derartige schlechte Verhalten ist deinem Herrn zuwider (w. bei deinem Herrn verpönt). 39 Das ist (etwas) von dem, was dein Herr dir an Weisheit eingegeben hat. Setz nicht (dem einen) Gott einen anderen Gott zur Seite, damit du (schließlich) nicht der Hölle verfällst, getadelt und verworfen!

Sure 17

Anleitung zum rechten Verhalten durch den Koran

Der Islam ist ein das ganze Leben seiner Anhänger umfassendes und bestimmendes Gefüge religiöser Traditionen, gesellschaftlicher Ordnungen und politischer Bindungen. Er ist keine Kirche, er ist weniger und gleichzeitig mehr. Ihm fehlt zwar die kirchliche Organisation, aber in der Ausdehnung ihrer Befugnisse ist die islamische Gemeinde mehr als die Kirche. Sie beschränkt sich nämlich nicht allein auf den geistlichen Betrieb, sondern sie umschließt den Menschen in all seinen Bestrebungen und in seinem ganzen Wirken. Der Koran ist die Mitte der islamischen Gemeinschaft. Durch die tägliche, laut vorgetragene Rezitation macht sich der Moslem den Koran innerlich zu eigen. Folglich benutzt er auch im profanen Leben koranische Formulierungen und eignet sich eine koranische Denkweise an, die sein Weltbild prägt. Wie also ein Christ sagen kann, dass er mit Christus lebe, so kann das der Moslem vom Koran sagen. Daher ist die Heilige Schrift des Islam kein abstraktes Buch, das als Objekt für sich besteht. Der Koran existiert als Anrede, die Antwort erwartet, die den Hörer mit einbezieht, d.h. der Koran schafft sich eine Gruppe von Nachfolgern: die islamische Gemeinde. Sie – die Moslems – leben in und nach ihm, und er – der Koran – lebt umgekehrt in, mit und unter der Rezitation und Antwort des Glaubens weiter. Vor diesem Hintergrund muss das tägliche Leben im Islam gesehen und verstanden werden. *Muhammed Abdullah*

Gut und Böse

Einem koranischen Vers zufolge ist alles, was es an Gutem gibt, von Gott. Das Böse ist hingegen eine Folge des menschlichen Fehlverhaltens. Es ist entschieden besser, sich das Meiden vom Bösen zum Leitmotiv des Handelns zu machen, als dem Guten zuzustreben, ohne Rücksicht darauf, ob dabei jemand zu Schaden kommt. Das erste Gebot ist es also, nicht zuzulassen, dass das Böse geschieht. Der Maßstab des Guten und Bösen ist in Zweifelsfällen das Gewissen. »Die Sünde ist alles, was hinterher im Herzen ein Gefühl der Unruhe entstehen lässt«, sprach Muhammad.

Zu den schlimmsten Sünden gehören nach dem islamischen Moralkodex: Vielgötterei, Intrigen, Mord, Zauberei, Auflehnung gegen Eltern, Meineid, Unzucht, Diebstahl, Veruntreuung, Aneignung von Waisen-Vermögen, Ungerechtigkeit, Tyrannei, Fahnenflucht, Verleumdung ehrenwerter Frauen, Lüge, Fluchen und Homosexualität. »Gott befiehlt euch, euren Nächsten gegenüber gerecht, großherzig und freigebig zu sein und verbietet euch schändliche Taten, Bosheiten, Verbrechen und Intrigen« (16,91). »Diejenigen, die sich Böses haben zuschulden kommen lassen, werden im Ausmaß der gesetzten Schlechtigkeit bestraft werden. Schmach soll über sie hereinbrechen. Im Angesicht Gottes wird ihnen kein Beschützer zur Seite stehen. Es wird ihnen vielmehr scheinen, als wären ihre Gesichter mit Schleiern verhüllt, die aus tiefem Nachtdunkel hergestellt sind« (10,28).

»Wer eine gute Tat vollbringt, dem soll zehnfach vergolten werden; wer aber eine böse Tat setzt, der soll das Gleiche als Lohn empfangen. Kein Unrecht soll ihnen widerfahren« (6,161). Dem Menschen, der sich an das Böse gewöhnt hat, kommen böse Taten normal, ja schön vor: »Der Satan hat ihnen ihre Handlungen im schönsten Licht erscheinen lassen, um sie durch Selbstsicherheit zu betören, und sie vom (rechten) Weg abgehalten« (29,38). Einem solchen Menschen wird angeraten, den Koran zu lesen und das Gebet zu verrichten: »Verlies, was dir von der Schrift (als Offenbarung) eingegeben worden ist! Und verrichte das Gebet, denn das Gebet hält von Schändlichkeiten und Unrecht ab. Aber Gottes zu gedenken bedeutet noch mehr. Und

❖ *Können die Handlungen, die der Quran für Sünde erklärt, in Ihren Augen gerechtfertigt werden?*
Es gibt viele philosophische Ansätze der Moralbegründung. Jede philosophische Ethik steht jedoch vor dem Problem der Motivation des Menschen zu moralischem Handeln. Diskutieren Sie die Vor- und Nachteile solcher Ethiken gegenüber religiösen – hier islamischen – und auch gegenüber staatlichen Handlungsvorschriften und Strafandrohungen.

❖ *Wie ist die Bemessung der Strafen im Islam zu beurteilen?*

Gott weiß, was ihr tut« (29,45). Die christliche Tugend, Böses mit Gutem zu vergelten, wird auch vom Islam gefordert. *Smail Balic*

❖ *Die hebräische Bibel, d. h. die jüdische Thora bzw. das Alte Testament des Christentums, kennt diese Geschichte ebenfalls: Worin gleichen und worin unterscheiden sich der Quran-Text und das Buch Genesis, Kap. 22, der Bibel?*

Gehorsam gegenüber Gottes Willen Quran, 37. Sure

99 Und Abraham (w. er) sagte: ›Ich will (jetzt) zu meinem Herrn gehen. Er wird mich rechtleiten. 100 Herr! Schenk mir einen von den Rechtschaffenen (als Leibeserben)!‹ 101 Und wir verkündeten ihm einen braven (w. milden) Jungen. 102 Als er nun so weit (herangewachsen) war, dass er mit ihm (d. h. mit seinem Vater Abraham) den Lauf (zwischen as-Safä und al-Marwa?) machen konnte (oder: dass er mit ihm zur Arbeit gehen konnte?), sagte Abraham (w. er): ›Mein Sohn! Ich sah im Traum, dass ich dich schlachten werde. Überleg (w. sieh) jetzt (und sag), was du (dazu) meinst!‹ Er sagte: ›Vater! Tu, was dir befohlen wird! Du wirst, so Gott will, finden, dass ich (einer) von denen bin, die (viel) aushalten können.‹ 103 Als nun die beiden sich (in Gottes Willen) ergeben hatten und er ihn (d. h. Abraham seinen Sohn) auf die Stirn niedergeworfen hatte (um ihn zu schlachten), 104 riefen wir ihn an: ›Abraham! 105 Du hast (durch deine Bereitschaft zur Schlachtung deines Sohnes) den Traum (den du gehabt hast) wahr gemacht. (Damit soll es sein Bewenden haben.)‹ So vergelten wir denen, die fromm sind. 106 Das ist die offensichtliche Prüfung (die wir Abraham auferlegt haben). 107 Und wir lösten ihn (d. h. seinen Sohn, der geschlachtet werden sollte) mit einem gewaltigen Schlachtopfer aus. 108 Und wir hinterließen ihm (als Vermächtnis) unter den späteren (Generationen den Segenswunsch): 109 ›Heil sei über Abraham!‹ 110 So vergelten wir denen, die fromm sind. 111 Er ist (einer) von unseren gläubigen Dienern. 112 Und wir verkündeten ihm Isaak, (und) dass er ein Prophet sein werde.

Muslimische Erziehung

Islam – der Gehalt des Wortes deutet auf Hingabe, Ergebung, Unterwerfung. Unterordnung verlangt Gehorsam, die Gewöhnung fordert Disziplin. Soll Ergebung zur charakterlichen Haltung werden, muss sie in einem weiten, persönlichen Umfeld geübt werden. So beginnt die Erziehung zur religiös bedingten Subordination in der patriarchalischen Struktur der Familie. Die Familie ist ein Bollwerk, das allen Angehörigen Schutz, Sicherheit und Versorgung garantiert. Die Gesetze dieser Sozietät sind zwar ungeschrieben, sie werden jedoch als selbstverständlich respektiert. Die Anpassung geschieht nicht über wortreiche Explikationen, sondern über Vorbild und Nachahmung. Die Angehörigen kennen und anerkennen die ihnen zustehende Rolle und wachsen langsam in ihre Stellung innerhalb des Clans hinein. Dem ältesten Mann wird das höchste Maß an Ansehen, Ehrerbietung und Höflichkeit eingeräumt. Dafür erwartet man von ihm beispielgebendes Verhalten im innerfamiliären Bereich ebenso wie außerfamiliär als dem Repräsentanten seiner Schutzbefohlenen. Er trägt die Last der Entscheidungen in wichtigen wie nichtigen Dingen, befindet etwa über den An- und Verkauf von Werten, über die Wahl von Wohnsitz und Wohnung oder über die Ausbildung und Partnerwahl seiner Kinder. Er verwaltet die Finanzen und findet es nicht unter seiner Würde, beim Krämer an der Ecke, im städtischen Basar oder auf dem ländlichen Wochenmarkt für die Seinen einzukaufen. Er ist sich seiner Verantwortung bewusst und darf dafür Anerkennung erwarten. Die Meinung des Patriarchen ist für alle Jüngeren ein Tabu, und spontanes Widersprechen zählt zu den groben Ungehörigkeiten. [...]

Eine schulische Erziehung, die sich die Heranbildung manueller und intellektueller Fähigkeiten als Grundlage des späteren Schulbesuchs zum Ziele setzt, fehlt in den meisten Familien, spielendes Lernen ist kein Prinzip, Fertigkeiten gibt man im Hinblick auf ihre Utilität an die nächste Generation weiter. Vor allem für die kleinen Mädchen regiert die Pflicht des Alltags. [...] Weder Zuckertüte noch sonst Erfreuliches verbrämen den Gang in den neuen Lebensabschnitt. Man steckt die Mädchen in eine Schürze und die Knaben in einen Kittel, [...] in Kleidungsstücke, die nicht nur schützen, sondern die die Egalisierung der äußeren Erscheinung garantieren. So soll erreicht werden, dass sich in der jungen Gemeinschaft Anpassungsfähigkeit, gute Auffassungsgabe und Memoriergeschick über soziale Unterschiede erheben. [...]

Der Lehrer ist Respektperson, eine ernste, distanzierte Persönlichkeit. Psychologisches Ver-

❖ *Ist der hier beschriebene Schulunterricht Ihrer Meinung nach effizienter und nachhaltiger als der mehr freiere, an deutschen Schulen praktizierte?*

❖ *Halten Sie es für erstrebenswert, wenn das »Familienoberhaupt« stets »beispielgebendes« Verhalten zeigen und immer allein die »Last der Entscheidungen« tragen muss?*

❖ *Diskutieren Sie Sinn und Folgen von »Subordination« – Unterwerfung, Gehorsam – als religiöses und gesellschaftliches Prinzip.*

Muslimische Jungen lernen in einer Koranschule in den Bergen Marokkos

ständnis für Heranwachsende wird erwartet, die Lehrer-Schüler-Kameraderie allerdings abgelehnt. Viele Eltern sind bis heute der Meinung, dass ein Kind nur dann etwas lerne, wenn ihm die Schule neben umfangreichem Memorierstoff auch die nötige Furcht einflöße. Wohl ist die Prügelstrafe vom Gesetz her verboten, jedoch sitzt die pädagogische Hand, genau wie im Elternhaus, sehr locker. Es gehört mit zum Schulleben, dass die Kinder im Angesicht ihrer Lehrer ein leichtes Unbehagen beschleicht. Den Zorn des Achtungsgebietenden möchten sie nicht herausfordern. Als Folge befleißigen sie sich höchstmöglicher Einordnung in die Klassengemeinschaft und sind vor allem darauf bedacht, ihrem Lehrer zu Diensten zu sein. Erziehung wie Erzieher sind gleichermaßen autoritär. Zusammenstöße zwischen Elternhaus und Schule sind kaum vorstellbar. Bedenken werden zurückhaltend, in gesetzter Form und unter vorheriger Entschuldigung vorgebracht. Die Aktionen der Schule werden akzeptiert, der Lehrer hat recht. Die Kinder leiden nicht unter Erziehungszwiespalt, denn die pädagogischen Ausrichtungen bewegen sich im Gleichklang. Für jeden, der Einfluss auf Heranwachsende für sich beanspruchen darf, ist Gehorsam das oberste Erziehungsziel – Gehorsam im Sinne der Religion: Unterordnung, Ergebung, Disziplin.

Sigrid Weiner

Junge Türkinnen vor ihrer Schule im hessischen Usingen

Angeboten wird, »was das Haus hat«, sicher ein Glas Tee, kräftig, dunkel und süß.

Zusammenleben und Gastfreundschaft

Wer den Nächsten nicht besucht, kommt nicht ins Paradies. (Hadith)

Der Muslim ist ein Gemeinschaftswesen. Er erhebt Freud und Leid des Nächsten zur eigenen Angelegenheit und darf dafür erwarten, dass man ihm in trüben wie klaren Tagen beisteht. Schlimme Nachrichten lassen begonnene Arbeiten weglegen; man eilt zu den Betroffenen, um ihnen Hilfe anzubieten und Trost zu spenden. Selbst in den Zimmern von Schwerkranken versammeln sich Verwandte und Bekannte und sitzen in Anteilnahme seufzend und klagend ihre Zeit ab. Jaaa ... hat man Ähnliches nicht schon selbst auch erlebt? Allah hat geholfen, er wird auch dem heute und hier Geschlagenen beistehen. Jaaa ... Ganz gleich, was es zu sagen oder zu beklagen gibt, die Tür steht dem offen, der daran klopft.

Die Verbindlichkeiten der Gastfreundschaft entsprechen der Häufigkeit der Besuche. Man ist zu jeder Zeit auf Besucher eingestellt. Die Männer suchen die Gemeinschaft von ihresgleichen meist außer Haus, treffen sich in den Teehäusern und besprechen dort eigene und fremde Angelegenheiten. Für die Frauen wiederum ist das Haus der Treffpunkt, und in vielen Familien der großen und kleinen Städte laden sich Freundinnen allen Alters an einem bestimmten Tag der Woche reihum ein. [...]

Auf Eintretende stürzt man nicht mit ausgestreckten Händen zu. Hausfrau oder Hausherr bitten sie höflich ins »Gastzimmer«, in jenen großen Raum, der landesweit am sorgfältigsten ausgestattet und nicht unbedingt als Aufenthaltsraum für die Familie genutzt wird. Den Gästen lässt man Zeit, sich im fremden Haus zurechtzufinden. Langsam stellen sich die Familienmiglieder ein. Die Frauen küssen einander leicht auf beide Wangen, auch verwandte oder gut befreundete Männer umarmen und küssen sich, vor allem dann, wenn sie sich über längere Zeit nicht hatten sehen können. Haben sich die Besucher niedergelassen, so reichen ihnen die Gastgeber die Hand und entbieten ein herzliches »Willkommen!« Ohne Ansehen des Geschlechts schicken sich die Kinder und Jugendlichen zum Handkuss an. Sie drücken ihre Lippen auf den Handrücken der dargereichten Rechten und legen diesen kurz an die Stirn. Ohne Aufsehen oder Gerede setzen sie sich dann nieder.

Nun verlangt es die Sitte, jeden nach seinem Befinden zu fragen. Nach der Versicherung eines jeden Einzelnen, dass er zufrieden sei, erkundigt der sich seinerseits mit der Formel: »Wie geht es Ihnen?« nach dem Wohlergehen seines Gegenübers. In das Befragungszeremoniell bezieht man abwesende Angehörige oder Freunde ein, entschuldigt eventuell ihr Fernbleiben und entbietet alle Grüße, die aufgetragen wurden. Es wäre eine Verfehlung, das zu unterlassen; denn der Grüßende sucht die Verbindung über Dritte in bester Absicht. Er folgt Gottes Gebot zur Knüpfung mitmenschlicher Beziehungen. Bewusst oder aus Nachlässigkeit nicht überbrachte Empfehlungen gelten als Sünde vor Gott. [...]

Für das leibliche Wohl sorgt die Hausfrau in bestmöglicher Weise. Kommen unerwartete Gäste, so bietet man ihnen an, »was das Haus hat«, sicher ein Glas Tee, kräftig, dunkel und süß. In Schalen warten Fruchtbonbons, Zuckermandeln, Haselnuss- und Pinienkerne, geröstete Kichererbsen, vielleicht auch Sonnenblumen- und Kürbiskerne. Hat die Hausfrau noch einen Rest einer der schweren, mit viel Zucker angereicherten Süßspeisen, so verteilt sie davon großzügig und lässt sich ob ihrer Kochkünste loben.

❖ *Wie beurteilen Sie eine solche Gastfreundschaft? Welche sozialen Auswirkungen sind zu erwarten, wenn sie als allgemeine Norm in einer Gesellschaft praktiziert wird?*

❖ *Besteht eine solche Norm auch bei uns oder wenn nicht: sollte sie es?*

Wer zu einer Mahlzeit eingeladen wird, darf eine reich gedeckte Tafel erwarten. Jedoch folgt der Begrüßungs- und Erfrischungszeremonie nicht etwa gleich die Suppe. Nach einem geflügelten Wort »jagt das Essen die Gäste aus dem Haus«. In Muße bespricht man deshalb zunächst die Familien- und Tagesneuigkeiten, um sich dann in froher Erwartung an Tisch oder – in ländlichen Gegenden – an tief aufgebockter Messing- oder Kupferplatte niederzulassen. Die einzelnen Speisen werden nicht ungeduldig hineingeschlungen. Man isst mit Genuss und manierlich. Da die linke Hand als die »unreine« gilt, schneidet man häufig die Speisen, legt das Messer weg und gabelt mit der Rechten. [...]
Wohnt man fernab der Hauptreisewege und erscheint eines Tages ein Gast, mag er bekannt sein oder fremd, so schlachtet man ein wertvolles Huhn, vielleicht sogar ein Lamm, auch dann, wenn derartige Zubereitungen sonst den hohen Feiertagen vorbehalten bleiben. [...]
Ist das Familienbudget gering, regiert Schmalhans als Küchenmeister, so bewirtet man seine Besucher im Rahmen der Möglichkeiten, Fladenbrot und ein Glas Ayran werden mit der gleichen Anmut vorgesetzt wie mit Raffinesse zubereitete Köstlichkeiten. Niemand würde deshalb Affekte aufstauen; Armut ist keine Schande. »Gott hat's gegeben«, der Gastgeber beugt sich seiner Fügung. [...]
Übertrieben genierliches Gespreize des »Keine-Umstände-Machen-Wollens« registrieren Familienvorstände mit Befremden. Der Ausruf: »Sie geben mir ja gar keine Möglichkeit, Ihnen meine Gastfreundschaft zu erweisen!« zeigt nicht nur Unverständnis und Enttäuschung, sondern lässt das Gefühl des Zurückgewiesenwerdens durchblicken. Gastfreundschaft wird mit Noblesse und aus ganzer Seele angeboten. Der damit Bedachte sollte sie dankbaren Herzens und dankbaren Wortes akzeptieren. *Sigrid Weiner*

Sexualität im islamischen Verständnis

Die islamische Erziehung ist sehr umfassend und berührt alle Bereiche. Sie hat auf dem Gebiet der ehelichen Beziehungen neue Perspektiven eröffnet und bietet eine sehr nützliche und zweckmäßige Sexualerziehung für Verheiratete, indem sie die Ansichten beider Extrempositionen verwirft. Da sind einerseits die, die Sex als Mittel ansehen, fleischliche Wünsche zu befriedigen, und sich ihm aus purer sinnlicher Lust, Unzucht, Zügellosigkeit und Genusssucht hingeben und so dieser Beziehung Schande bereiten, sie entehren und zum Gespött machen. Und dann gibt es die, die sich vollständig enthalten und jedes normale Gespräch über Sex als sündig und unanständig ansehen. Der Islam hat demgegenüber einen »goldenen Mittelweg« zwischen diesen beiden Extremen vorgeschlagen. Er sagt, dass die eheliche Beziehung weder so sündig ist, dass man vollständig enthaltsam sein sollte, noch dass sie ein Spielzeug ist, so dass man sie zur Quelle von Lust und Sinnlichkeit machen soll und frei mit jedermann sich einlassen kann. Der Islam erlaubt sexuelle Beziehungen innerhalb bestimmter Grenzen und erlegt sowohl dem Ehemann als auch seiner Frau gewisse Verpflichtungen auf. *Afzalur Rahman*

Schutz des Lebens und Abtreibung

Der Koran fordert den unbedingten Respekt vor dem menschlichen Leben. Der allgemeine Grundsatz lautet: »Wenn einer jemanden tötet (und zwar ohne Berechtigung) ..., so ist es so, als ob er die Menschen alle getötet hätte. Und wenn einer jemanden am Leben erhält, so ist es so, als ob er die Menschen alle am Leben erhalten hätte« (Koran 5,32). [...]
Im Koran ist es Gott, der die Menschen erschafft; die Eltern sind nur Instrumente seiner Schöpfertätigkeit: »Wir haben euch geschaffen. Warum gebt ihr es denn nicht zu? Was meint ihr denn, (wie es sich) mit dem verhält, was ihr (als Samen) ausstoßt? Erschafft ihr es, oder sind (nicht) wir die Schöpfer?«
[...] Die Haltung des Islam zur Frage der Schwangerschaftsunterbrechung hat eine deutliche Entwicklung durchgemacht. In der klassischen Zeit, in der die bis in unsere Tage maßgebenden Rechtsschulen entstanden sind, gründeten diese ihr Urteil auf die damaligen Kenntnisse vom Entstehen des Menschen im Schoße seiner Mutter. Sie gingen davon aus, dass der empfangene Embryo erst

Enthaltsamkeit
Sure 23, 1 Selig sind die Gläubigen (w. wohl ergeht es den Gläubigen), 2 die in ihrem Gebet demütig sind, 3 (leerem) Gerede kein Gehör schenken (w. sich von dem [leeren] Gerede abwenden), 4 der (Pflicht der) Almosensteuer nachkommen 5 und sich des Geschlechtsverkehrs enthalten (w. ihre Scham bewahren), 6 außer gegenüber ihren Gattinnen, oder was sie (an Sklavinnen) besitzen, (denn) dann sind sie nicht zu tadeln. 7 Diejenigen aber, die darüber hinaus (andere Frauen) für sich haben wollen, machen sich (offensichtlich) einer Übertretung schuldig.

Polygamie
Sure 4, 3: Und wenn ihr fürchtet, in Sachen der (eurer Obhut anvertrauten weiblichen) Waisen nicht recht zu tun, dann heiratet, was euch an Frauen gut ansteht (?) (oder: beliebt?), (ein jeder) zwei, drei oder vier. Wenn ihr aber fürchtet, (so viele) nicht gerecht zu (be)handeln, dann (nur) eine, oder was ihr (an Sklavinnen) besitzt! So könnt ihr am ehesten vermeiden, unrecht zu tun.

Liebe und Erbarmen
Sure 30, 21: Und zu seinen Zeichen gehört es, dass er euch aus euch selber Gattinnen geschaffen hat (indem er erst ein Einzelwesen und aus ihm das ihm entsprechende Wesen machte), damit ihr bei ihnen wohnet (oder: ruhet). Und er hat bewirkt, dass ihr (d.h. Mann und Frau) einander in Liebe und Erbarmen zugetan seid (w. er hat Liebe und Erbarmen zwischen euch gemacht). Darin liegen Zeichen für Leute, die nachdenken.

Heirat und Enthaltsamkeit
Sure 24, 32 Und verheiratet diejenigen von euch, die (noch) ledig sind, und die Rechtschaffenen von euren Sklaven und Sklavinnen! Wenn sie arm sind (und sich nicht zutrauen, eine Familie zu ernähren), wird Gott sie durch seine Huld reich machen. Er umfasst (alles) und weiß Bescheid. 33 Und diejenigen, die es sich (offensichtlich?) nicht leisten können zu heiraten, sollen solange Enthaltsamkeit üben (oder: [darauf] verzichten?) bis Gott sie durch seine Huld reich macht.

Scheidung
Sure 4, 129 Und ihr werdet die Frauen (die ihr zu gleicher Zeit als Ehefrauen habt) nicht (wirklich) gerecht behandeln können, ihr mögt noch so sehr darauf aus sein. Aber vernachlässigt nicht (eine der Frauen) völlig, so dass ihr sie gleichsam in der Schwebe lasst! Und wenn ihr euch (auf einen Ausgleich) einigt und gottesfürchtig seid (ist es gut). Gott ist barmherzig und bereit zu vergeben (oder: Aber wenn ihr euch bessert und gottesfürchtig seid, ist Gott barmherzig und bereit zu vergeben). 130 Und wenn die beiden (d. h. Mann und Frau) (falls keine Einigung mehr möglich ist) sich trennen, wird Gott jeden (von beiden) aus der Fülle seiner (allumfassenden) Macht (für den Verlust) entschädigen (w. jedem … [darüber weg]helfen).

❖ *Diskutieren Sie die hier zusammengestellten moralischen Haltungen zum Umgang mit Sexualität. Zu betonen ist noch einmal: Die »Klitorisamputation« ist ein regionaler Brauch aus vorislamischer Zeit – der Islam rechtfertigt sie nicht.*

nach 120 Tagen zu einem beseelten Fötus und damit zu einem Menschen wird. Daher betrachteten sie nur den Fötus als absolut schutzwürdig, während das werdende Leben vor dem Einhauchen der Seele in Ausnahmefällen bzw. aus einem triftigen Grund geopfert werden durfte.
Ausgehend vom heutigen Stand der ärztlichen Kenntnisse vom werdenden Leben vertreten die modernen islamischen Autoritäten in ihrer Mehrheit eine strenge Auslegung der Bestimmungen der traditionellen Gesetze. Sie treten für die unbedingte Schutzwürdigkeit des werdenden Lebens ein und lassen eine Schwangerschaftsunterbrechung nur in dem Fall zu, wo das Leben der Mutter dadurch gerettet wird. *Adel Theodor Khoury*

Geburtenregelung

Bis ins 20. Jh. war die gängigste Methode der Empfängnisverhütung der religiös erlaubte coitus interruptus. Verboten ist nach koranischer Weisung (Suren 16, 58.60; 17,31) das Töten weiblicher Kinder sowie nach allgemeiner Rechtsauffassung Kastration und Sterilisation. Abtreibung wird erlaubt, aber missbilligt. Verhütung durch chemische, mechanische oder pflanzliche Mittel ist gestattet, wenn ihr Ziel nicht dauernde Unfruchtbarkeit ist.

Katharina Boehm

Beschneidung

Der im antiken Orient weit verbreitete Brauch wird im Islam wie im Judentum auf Abraham zurückgeführt. Obwohl nicht bindende religiöse Pflicht, ist die B. männlicher Gläubiger in den Augen der meisten Muslime unverzichtbar. Männliche Kinder werden – oft in festlichem Rahmen – je nach Region verschieden am siebten Tag nach der Geburt oder auch im Alter zwischen fünf und sieben Jahren beschnitten. Von erwachsenen männlichen Konvertiten zum Islam wird im Allgemeinen erwartet, dass sie sich beschneiden lassen. In der heutigen Diskussion werden hygienische Vorteile (Gebärmutterkrebs tritt bei Ehefrauen beschnittener Männer seltener auf) hervorgehoben. *Katharina Boehm*

Klitorisamputation

In einigen islamischen Ländern Afrikas, heute auch in der muslimischen Diaspora praktizierte Operation, in der Mädchen im Alter zwischen fünf und acht Jahren Teile der oder die ganze Klitoris entfernt wird. Bei der in afrikanischen Ländern verbreiteten sog. »Pharaonischen Beschneidung« (medizinisch: Infibulation) werden alle äußeren Geschlechtsteile entfernt und die entstehende Öffnung in einigen Fällen bis auf Stecknadelkopfgröße zusammengenäht. Betroffene nennen dies eine traumatische Erfahrung (Saadawi); spätere Komplikationen bei Menstruation und Geburt verursachen Krankheiten und Todesfälle. Obwohl vorislamisch, wird sie in ländlichen Gebieten Ägyptens und im Sudan als »Sunna«, als religiöse Pflicht, verstanden. Nichtregierungsorganisationen versuchen international wie in den betroffenen Ländern Öffentlichkeit und religiöse Autoritäten zur Aufgabe dieser Praxis zu bewegen und vorhandene Verbote der K. durchzusetzen.

Katharina Boehm

Nutzung und Bewahrung der Schöpfung

»Dienet eurem Herrn, der euch die Erde zu einer Unterlage und den Himmel zu einem Bau machte, und der vom Himmel Wasser herabkommen ließ und dadurch Früchte als Lebensunterhalt für euch hervorbrachte. Er ist es, der für euch alles, was auf der Erde ist, erschaffen hat.«

(Sure 2, 21.22.29)

»Auch hat Er die Herdentiere geschaffen. An ihnen habt ihr Wärme und allerlei Nutzen; und ihr könnt davon essen. Und sie tragen eure Lasten in ein Land, das ihr sonst nur mit größter Mühe hättet erreichen können. Und erschaffen hat Er die Pferde, die Maultiere und die Esel, damit ihr auf ihnen reitet und auch euch zur Zierde.«

(Sure 16, 5.7f.)

Dieser Tenor zieht sich durch den gesamten Koran. Alles ist für den Menschen da. Der Mensch steht wie im Christentum über der Schöpfung. […] Natur, Tiere und Pflanzen sind für den Menschen da, aber erschaffen hat sie Allah. Alles Erschaffene stellt deshalb

strenggenommen ein Zeichen Gottes dar. Und alle diese Gotteszeichen stehen über den unerfindlichen Schaffensplan Allahs miteinander in Verbindung. Die Welt befindet sich also im Gleichgewicht. Das soll der Muslim respektieren. Allahs Weltordnung darf nicht gestört werden. In ihr hat der Mensch die Position des Statthalters oder Treuhänders, aber nicht des Eroberers oder Eigentümers. Trotz aller Anthropozentrik: Der Islam kennt keinen Herrschaftsauftrag wie das Christentum. Natur nützt in islamischer Sicht also nicht nur dem Menschen, sie verherrlicht auch Allah. Sich von den Naturerscheinungen an die Existenz Allahs mahnen zu lassen, ist das Gegenteil der Ungläubigkeit, heißt es im Koran. Wer Natur zerstört, so könnte man folgern, müsste sich damit gegen den Schöpfer wenden. Tatsächlich klang dieser Gedanke im Islam an, blieb aber theologisch unbedeutend.
[...]
Programme für Tier- und Naturschutz gibt es im modernen Islam bisher nicht. Von einer Umwelttheologie wie im Christentum kann im Islam keine Rede sein. Eine Rolle dabei spielen mag auch der aktuelle Fundamentalismus. Er will zwar einen eigenen Weg zwischen Ost und West und orientiert sich streng am Koran. Gleichzeitig ist er aber sehr technologiefreundlich; Beobachter meinen, vielleicht zu sehr, um auch noch natur- und tierfreundlich zu sein. *Volker Dumann*

Zum islamischen Verständnis von Arbeit

1. Arbeit ist eine Pflicht: Der Islam macht dem Menschen die Arbeit zur Pflicht, weil sie lebensnotwendig ist, zum Erhalt der Menschheit beiträgt und zu den Erfordernissen der Schöpfung gehört. Die gesamte islamische Gesetzgebung steht im Einklang mit der unversehrten Schöpfung.
2. Arbeit ist Gottesdienst: Jede Art von Arbeit, unabhängig davon, ob es sich um geistige, landwirtschaftliche, industrielle oder kaufmännische Arbeit handelt, wird vom Islam als Gottesdienst betrachtet, sofern sie von aufrichtiger Absicht getragen ist. Der Prophet sagte: »Arbeiten werden nur nach ihrer Intention bewertet und jeder Mensch nach seiner Absicht.«
3. Untrennbare Einheit von Glauben und rechtem Handeln: Rechtschaffene Arbeit ist Ausdruck des rechten Glaubens.
4. Arbeit ist Anstrengung im Dienste Gottes (Djihad): Einer Überlieferung zufolge kam ein Mann zum Propheten. Die Prophetengefährten, die sein Bemühen und seine Ausdauer sahen, fragten, ob dies wohl im Sinne Gottes sei. Der Prophet antwortete: »Wenn jemand sich für seine kleinen Kinder abmüht, so geschieht dies im Dienste Gottes, desgleichen wenn er sich für seine alten Eltern abmüht. Auch wenn er sich für sich selbst abmüht, handelt er im Dienste Gottes. Wenn er sich aber Heuchelei und Hochmut hingibt, steht er im Dienst des Teufels.«
5. Verbot der Bettelei: Bettelei steht nicht mit der wahren Lehre des Islam in Einklang, denn er ist eine Religion der Stärke und Würde. Deshalb macht der Islam es jedem Menschen zur Pflicht, einem wenn auch noch so einfachen Beruf nachzugehen; denn dadurch hält er sein Selbstgefühl aufrecht und muss nicht betteln. *Syrischer Schulbuchtext*

Ein islamisches Ordnungsmodell der Wirtschaft – die Alternative?

Eine islamische Wirtschaftsordnung weist zahlreiche Elemente auf, die eine Modernisierung [...] begünstigen. So erkennt der Islam Privateigentum an und betont die eigene Leistung als Quelle des Wohlstands, wobei eine Orientierung an religiös-moralischen Werten eine Individualethik begünstigt. Des Weiteren sind Wettbewerbsmärkte und Geldwertstabilität aus der Sharia ableitbar. Die Sozialabgabe Zakat kann als Kern für ein soziales Sicherungssystem gesehen werden. Das einzige Problem, welches aus einem westlichen Verständnis heraus entstehen könnte, wäre das Zinsverbot. Die Problematik der Überlassung von Liquidität lässt sich aber durch Finanztechniken, die auf Basis der Gewinn- und Verlustbeteiligung des Kapitalgebers arbeiten, lösen. Die Finanzierungskosten der Zinsumgehungsgeschäfte kann man von ihrem ökonomischen Effekt her zwar als Zinsen bezeichnen, dennoch sanktioniert die islamische Rechtsprechung diese Geschäftsformen, so dass sie Eingang in eine islamische Wirtschaftsordnung finden können. [...] Bei der

❖ Fragen der Natur- und der Tierethik werden in der Gegenwart immer wichtiger: Wie beurteilen Sie die hier skizzierten muslimischen Vorschriften?
❖ Vergleichen Sie diese mit dem christlichen Herrschafts- und Bewahrungsauftrag aus Genesis 1 und 2.

❖ *Diskutieren Sie den Sinn eines solchen Zinsverbotes und seine sozialen und ökonomischen Folgen.*

❖ *Das Christentum hat das Verbot, Geld gegen Zinsen zu verleihen, etwa seit Mitte des 16. Jahrhunderts langsam gelockert. Den Juden, die gleichzeitig viele andere Berufe in Deutschland nicht ausüben durften, war die Vergabe von Krediten gegen Zinsen nicht verboten – dies führte dazu, dass einige jüdische Familien in diesem Bereich tätig waren. Sollte der Islam einen ähnlichen Weg wie das Christentum gehen?*

konsequenten Durchsetzung des Zinsverbots lassen sich sowohl Parallelen als auch Unterschiede zwischen einer Erfolgsbeteiligungswirtschaft und einer Zinswirtschaft feststellen: Ebenso wie in einer Zinswirtschaft werden Gelder nur in Projekte investiert, die gewinnversprechend erscheinen. In einer Erfolgsbeteiligungswirtschaft erfährt dies aber eine Einschränkung, indem Gelder nur in realen Investitionen gewinnschaffend zu investieren sind. Damit erhält Kapital in einer Erfolgsbeteiligungswirtschaft ebenso wie in der Zinswirtschaft einen Preis, nur dass dieser Preis nicht mehr Zins heißt, sondern »Gewinnbeteiligungsrate«. [...] Bei der Investition in nur rentablen Projekten stellt sich aber das Problem, dass diese Projekte nicht immer sozial erwünscht sein müssen. Hier müsste dann der Staat eingreifen.

Durch das System der Gewinn- und Verlustbeteiligung erlangen die Kapitalgeber, meist die Banken, Beteiligungen an Betrieben. Langfristig würde dies zu einer Machtkonzentration der Banken führen, die Ausbeutung und Machtmissbrauch nicht unbedingt verhindern würden. Die starke Machtstellung der Banken in einer zinsgeprägten Wirtschaft zeigt eindeutig, wie stark die Wirtschaftsstruktur und die Politik eines Landes durch eine derartige Macht- und Reichtumskonzentration in der Hand weniger beeinflusst werden kann. Aber das Ziel einer Erfolgsbeteiligungswirtschaft ist es ja gerade, solch einen Machtmissbrauch und Ungerechtigkeiten zu verhindern. In dieser Hinsicht müssten also Sicherungsmechanismen eingebaut werden.

Man kann zusammenfassend sagen, dass jede Teilordnung einer islamischen Wirtschaftsordnung durch die primären Rechtsquellen Koran und Sunna legitimiert sein muss bzw. zumindest nicht in Gegensatz zu ihnen stehen darf. Koran und Sunna bieten für eine islamische Wirtschaftsordnung lediglich eine Leitlinienfunktion und können daher nicht als ein spezifisches Wirtschaftssystem gewertet werden. Eine islamische Wirtschaftsordnung kann m. E. in den Ländern des islamischen Gürtels Modernisierungsprozesse unterstützen, die von einer breiten Basis getragen werden. Zu berücksichtigen ist jedoch, dass für diese Annahme ein umfassender empirischer Beweis noch fehlt. Des Weiteren muss solch ein Modell noch den Realitäten und spezifischen Besonderheiten des jeweiligen Landes angepasst werden. Am Beispiel von Pakistan, welches eine legalistische Eliminierung des Zinses betrieben hatte, zeigte sich, dass die islamischen Banken des Landes die gleichen Finanzierungsgeschäfte betrieben wie zuvor – nur mit anderen Vertragskonstruktionen. [...]

Es lässt sich feststellen, dass ein Wirtschaftskonzept, welches auf Basis der Scharia aufgebaut ist, die Entwicklung zu einem System ähnlich der sozialen Marktwirtschaft durchaus begünstigt und Befürchtungen, dass eine solche Ordnung von vornherein durch religiöse Dogmen zur Ineffektivität verurteilt ist, unbegründet sind. Voraussetzung dafür aber

Querformatiger Bildteppich aus West- oder

bleiben Anpassungen innerhalb der Scharia an die modernen Gegebenheiten und Erfordernisse der heutigen Zeit. *Samir Saleh*

Überall Pflicht

Der Kleine und der Große Dschihad

Nach einer islamischen Überlieferung kamen die Gefährten Mohammeds triumphierend aus einer Schlacht zurück, als der Prophet zu ihnen sagte: »Gut, diese Schlacht ist gewonnen. Das war aber nur der Kleine Dschihad, nun beginnt der Große Dschihad.« Dschihad bedeutet »Anstrengung« und »Kampf«.

Mit dem »Großen Dschihad« ist Selbstüberwindung gemeint, frei könnte man den Begriff als »Kampf gegen den inneren Schweinehund« übersetzen. Der »Große Dschihad« wird auch Dschihad bi-n-nafs genannt, was soviel bedeutet wie Selbstläuterung. Also ist Dschihad zunächst ein ethisches Prinzip, eine Art moralische Aufrichtung. Die meisten Muslime verstehen unter Dschihad den Einsatz für eine gute Sache. Jede Anstrengung wird als Dschihad bezeichnet, vor allem wenn damit Entbehrungen verbunden sind, wie etwa beim Universitätsstudium. Wer einen Dschihad ausübt, heißt Mudjahid (Mudschahid, Mujahid, Modjahed). Das Gegenstück zu den Mudjahedin, die keine Mühe scheuen, sind die »Qaidin« (die zu Hause Sitzenbleibenden), also die Drückeberger. Wenn Dschihad Kampf mit der Waffe bedeutet, handelt es sich um den »Kleinen Dschihad«. Voraussetzung für diesen Dschihad ist, dass Gläubige (das schließt Juden und Christen ein) an der Ausübung ihrer Religion gehindert werden. Also darf nicht jeder Krieg, nicht einmal jeder Verteidigungskrieg, als Dschihad bezeichnet werden. […]

Muslima demonstrieren ihren Willen, für die »heilige Sache« mit der Waffe zu kämpfen

Südostafghanistan

Überall in der Welt sind Muslime schnell aufgebracht, wenn Nichtmuslime den Begriff Dschihad als »Heiligen Krieg« übersetzen. Sofort beginnen sie mit der Erläuterung des Unterschiedes zwischen »Kleinem Dschihad« und »Großem Dschihad«. Auf keinen Fall wollen sie den Islam als eine militante Religion verstanden wissen, vielmehr sei der Islam die Religion des Friedens. Das Wort »islam« ist gewissermaßen identisch mit dem Wort für Frieden, »salam«, und der muslimische Gruß lautet »Friede sei mit Euch« (salam alaikum). In den siebziger Jahren geschah dann etwas, das die meisten Muslime noch nicht recht begriffen haben. Es entstand eine neue »Schule«, die eine andere Sicht des Islam propagierte. In Ägypten verfasste ein blinder Student an der altehrwürdigen Azhar, einer der berühmtesten theologischen Hochschulen des Islam, eine zweitausend Seiten umfassende Dissertation über Dschihad. Darin behauptete Omar Abdel Rahman, die Überlieferung vom »Kleinen« und »Großen Dschihad« sei erfunden, der Prophet habe so etwas nie gesagt. Dschihad bedeute nur eines, nämlich zur Waffe zu greifen und die Ungläubigen aufzufordern, den Glauben anzunehmen oder sich zu ergeben und muslimischer Herrschaft unterzuordnen. Alle anderen Interpretationen des Dschihads seien nichts als Apologetik und seien aus der Furcht vor übermächtigen Kolonialmächten geboren. Das Gerede von der Selbstläuterung als »Großem Dschihad« sei verwerflich, damit mache man sich nur lächerlich. Der Doktorand fügte seinen eigenwilligen Erläuterungen die historisch unhaltbare Behauptung hinzu, der Islam habe sich stets nur mit der Waffe durchgesetzt. Ohne Waffengewalt hätte der Islam sich in weiten Teilen der Welt nicht verbreitet. Auch in Zukunft werde der Islam sich nur mit Waffengewalt behaupten können.

Diese Sicht wurde von Jüngern des blinden Religionsgelehrten schnell aufgegriffen. Einer von ihnen, Abdes Salam Farag, schrieb ein

»Là 'ikrâha fî-d-Dîn« – kein Zwang in der Religion
Sure 2, 256

❖ *Beschreiben Sie den Unterschied zwischen dem großen und dem kleinen Djihad.*

Betender Mudjaheddin in Afghanistan

Büchlein, das man nachträglich als die Bibel der Sadat-Mörder bezeichnet hat. Der Titel lautet »Die abwesende Glaubenspflicht«, könnte aber auch mit »Der verloren gegangene Glaubenspfeiler« übersetzt werden. Farags Darstellung erweckt den Eindruck, als hätte es ursprünglich noch einen sechsten Pfeiler gegeben, den Dschihad. Die an Minderwertigkeitsgefühlen leidenden Muslime hätten diese Säule jedoch aufgegeben, um sich nichtmuslimischen Mächten anzubiedern. Das ist merkwürdig, lernen doch muslimische Kinder im Religionsunterricht den Spruch des Propheten von den fünf Säulen.

Außer in extremistischen Kreisen fand die Schrift des wegen Beteiligung an der Ermordung des ägyptischen Präsidenten Sadat hingerichteten Farag keine weite Verbreitung. Für muslimische Fanatiker spielt sie allerdings eine entscheidende Rolle, so wie die auf Millionen von Videokassetten vertriebenen Hasspredigten des Omar Abdel Rahman. Ali Ben Hasdsch, der zweite Mann in Algeriens Dschihad-Partei FIS (Front Islamique du Salut), will gar die Pflicht zum Dschihad als dritten Glaubenspfeiler verstanden wissen, hinter dem Glaubensbekenntnis und dem Gebet. Damit wäre die traditionelle Religion des Islam von Grund auf manipuliert. Wäre diese Neuinterpretation der Mehrheit der Muslime in der Welt bekannt, gäbe es gewiss einen Aufschrei der Empörung. Da sie aber noch wenig verbreitet ist, sympathisieren viele Muslime mit den Dschihadisten in der Annahme, jene seien eifrige Gläubige, denen von korrupten Behörden Unrecht getan werde. Erschwerend kommt hinzu, dass eine neue Generation von Ungebildeten herangewachsen ist, Millionen von Jugendlichen, denen nicht nur eine ordentliche Schulbildung fehlt. Sie haben auch über ihre angestammte islamische Religion kaum etwas erfahren. Bei Menschen, die nie von dem berühmten Ausspruch des Propheten über die fünf Säulen gehört haben, fällt es den Dschihadisten nicht schwer, einen sechsten Pfeiler hinzuzudichten [...].

Im November 1989 begab sich Schaikh Dr. Abdullah Azzam in der pakistanischen Grenzstadt Peschawar zur Moschee, um wie üblich die Freitagspredigt zu halten. Die Kalaschnikow trug er wie immer in der Hand, um seinen Dschihad-Willen zu demonstrieren. Auf halbem Weg explodierte das Fahrzeug, der palästinensische Islamist sowie zwei seiner Söhne wurden zerfetzt. Es ist keineswegs makaber, wenn man dieses Attentat als Erfüllung seines sehnlichsten Wunsches bezeichnet. Wie kein zweiter schwärmte Abdullah Azzam zeitlebens vom »Martyrium«. Unter anderem verfasste er eine Art Enzyklopädie der Araber, die in Afghanistan den »Märtyrertod« fanden. Der Titel lautet »Ushshaqu l-Hur« (Die Liebhaber der Paradiesjungfrauen). Es ist auch nicht übertrieben, Azzam als dschihadsüchtig zu bezeichnen. Denn in einer kurz vor seinem Tode gehaltenen Predigt behauptete er, ohne Dschihad nicht mehr leben zu können. Ohne Dschihad sei er wie ein Fisch auf dem Trockenen.

Azzam verkörperte den Dschihadismus, wie ihn die neue Schule unter den Islamisten vertritt. Als Chef der »arabischen Afghanen« bekannt, zog er um die Welt, um junge Männer für den Dschihad in Afghanistan zu rekrutieren. Dies geschah keineswegs im Auftrag des [...] Geheimdienstes CIA, wie immer wieder behauptet wird, sondern aus freien Stücken. Wichtigste Stütze war ihm dabei in den letzten Jahren seines Lebens ein junger Millionär aus Saudi-Arabien, der zu seinem Jünger wurde, Usama Bin Ladin. Azzam steuerte die Ideologie bei, Bin Ladin das Geld. Der Agitator Azzam war so erfolgreich, weil Bin Ladin ihn von finanziellen Sorgen befreite und es ihm ermöglichte, von Kontinent zu Kontinent den Dschihad gegen die Großmächte zu propagieren. Selbst im fernen Oklahoma verkündete er auf einer Islamistentagung, der Dschihad sei »überall Pflicht, auch in Amerika – gestern mit einer Pistole, heute mit der Kalaschnikow und morgen mit schweren Waffen!« *Khalid Duran*

❖ Welche Ursachen für die Entstehung des islamischen Extremismus, des »Djihadismus«, sieht Khalid Duran? Wie beurteilen Sie diese Tendenzen?

❖ Vor allem monotheistische Religionen wie das Christentum oder der Islam zeigen die Neigung zu einem Absolutheitsanspruch – wie lässt sich dennoch zu Toleranz und einem friedlichen Zusammenleben finden?

IV. Aktuelle Problemfelder

1. Stellung der Frau im Islam

Plädoyer für den Schleier

Das Wort »Pardah« bedeutet Vorhang und Schleier, steht im Islam aber für das islamische Moralsystem, für eine bestimmte Lebensweise. Dieser Aufsatz soll sich vor allem mit dem Schleier beschäftigen, der, da völlig missverstanden bei Nicht-Muslimen, als das Symbol für die angebliche Unterdrückung und Missachtung der Frau durch den Islam schlechthin gilt. Aber auch Muslime glauben häufig, der Schleier sei kein »Muss«, sei überholt, oder in einer so freizügigen Gesellschaft wie der unseren ganz einfach überflüssig. Dieser Aufsatz soll den Gegenbeweis antreten und aufzeigen, warum der Schleier untrennbar mit dem Islam verbunden ist und für uns Ahmadi-Muslime [s. S. 21] nichts von seiner Aktualität eingebüßt hat. Das Wort »Islam« bedeutet »Ergebung in den Willen Gottes«, was heißt, dass der Gläubige seinen Frieden dadurch findet, dass er seinem Schöpfer gehorsam ist und sich Ihm unterordnet und unterwirft, selbst dann, wenn er den Sinn der Anweisungen des Qurans nicht sofort versteht. [...]
Über Pardah schreibt der Heilige Quran in der Sure 24 Vers 32 folgendes:
»Und sprich zu den gläubigen Frauen, dass sie ihre Blicke zu Boden schlagen und ihre Keuschheit wahren sollen, und dass sie ihre Reize nicht zur Schau tragen sollen, bis auf das, was davon sichtbar sein muss, und dass sie ihre Tücher über ihren Busen ziehen sollen und ihre Reize vor niemanden enthüllen als vor ihren Gatten, oder ihren Vätern, oder den Vätern ihrer Gatten, oder ihren Brüdern, oder den Söhnen ihrer Gatten, oder ihren Brüdern, oder den Söhnen ihrer Brüder, oder den Söhnen ihrer Schwestern, oder ihren Frauen, oder denen, die ihre Rechte besitzen, oder solchen von ihren männlichen Dienern, die keinen Geschlechtstrieb haben, und den Kindern, die von der Blöße der Frauen nichts wissen. Und sie sollen ihre Füße nicht zusammenschlagen, so dass bekannt wird, was sie von ihrem Zierat verbergen. Und bekehrt euch zu Allah insgesamt, o ihr Gläubigen, auf dass ihr erfolgreich seid.«
Dies wird ergänzt durch den Vers 59 der Sure Al-Ahzab (Sure 33):
»O Prophet! Sprich zu deinen Frauen und deinen Töchtern und zu den Frauen der Gläubigen, sie sollen ihre Tücher tief über sich ziehen. Das ist besser, damit sie erkannt und nicht belästigt werden. Und Allah ist allverzeihend, barmherzig.« Beide Verse enthalten klare Anweisungen über a) die Gründe für Pardah und b) seine Ausführung. Über die Gründe wäre zu sagen, dass sie sowohl spiritueller als auch moralischer Natur sind. Wenden wir uns den spirituellen Gründen zu: Das Lebensziel eines jeden Muslims muss sein, das Wohlgefallen Allahs zu erlangen und sich ihm durch das Streben nach Vollkommenheit zu nähern; Ihm so zu dienen. [...] Sie sollen gottergeben, gläubig, gehorsam, wahrhaftig, standhaft, Almosen gebend, demütig, keusch sein und Allahs häufig gedenken. [...]
Eine muslimische Frau soll Schleier tragen, damit sie in der Öffentlichkeit als Muslima erkannt wird. Sie soll sich offen zu ihrem Glauben bekennen und so Standhaftigkeit demonstrieren. Durch den Schleier ist eine muslimische Frau im Westen natürlich in der Öffentlichkeit vielerlei Unannehmlichkeiten und Demütigungen ausgesetzt. Aber gerade dadurch wird der Schleier, speziell also in unserer Gesellschaft, ein Mittel, uns Gott zu nähern. Wir demonstrieren im Schleier, für alle Welt sichtbar, unseren Glauben, denn im Gegensatz zu Schal oder Kopftuch kann er nicht als modische Extravaganz missverstanden werden. Wir üben mit seiner Hilfe tagtäglich Standhaftigkeit, Gläubigkeit und Demut. [...] Es ist ein bewusster Akt der Unterwerfung und des Gehorsams. [...]
Es liegt in der Natur der Sache, dass eine verschleierte Frau weniger sexuelles Interesse erweckt als eine unverschleierte Frau. Eine Frau,

Bewahrung der Scham als Aufgabe auch des Mannes
Sure 24, 30: Und sag den gläubigen Männern, sie sollen (statt jemanden anzustarren, lieber) ihre Augen niederschlagen, und sie sollen darauf achten, dass ihre Scham bedeckt ist (w: sie sollen ihre Scham bewahren). So halten sie sich am ehesten sittlich (und rein) (w: das ist lauterer für sie). Und Gott ist wohl darüber unterrichtet, was sie tun.

Ungleichheit bei der Erbschaft
Sure 4, 7 Von dem, was die Eltern und nächsten Verwandten hinterlassen, es mag wenig sein oder viel, steht den Männern ein (bestimmter) Anteil zu, desgleichen den Frauen. (Das gilt) als gesetzlicher Anteil. 11 Gott verordnet euch hinsichtlich eurer Kinder: Auf eines männlichen Geschlechts kommt (bei der Erbteilung) gleichviel wie auf zwei weiblichen Geschlechts. Wenn es (ausschließlich) Frauen sind, (und zwar) mehr als zwei (oder: zwei und mehr?), stehen ihnen zwei Drittel der Hinterlassenschaft zu; wenn es (nur) eine ist, die Hälfte.

Die Morgengabe bietet der Frau ökonomische Freiheit
Sure 4, 4 Und gebt den Frauen ihre Morgengabe als Geschenk (so dass sie frei darüber verfügen können)! Wenn sie euch aber freiwillig etwas davon überlassen, könnt ihr es unbedenklich (für euch selber) verbrauchen.

> ***Gleichheit von Mann und Frau vor Allah***
> *Sure 4, 34 Diejenigen aber, die handeln, wie es recht ist, (gleichviel ob) männlich oder weiblich, und dabei gläubig sind, werden (dereinst) in das Paradies eingehen.*
>
> *Sure 36, 55 Die Insassen des Paradieses sind heute (auf ihre Weise) beschäftigt und lassen sich dabei wohl sein: 56 Sie und ihre Gattinnen liegen im Schatten (behaglich) auf Ruhebetten 57 und haben (köstliche) Früchte (zu essen) und (alles) wonach sie verlangen.*
>
> *Sure 56, 11 Sie sind es, die (Gott) nahestehen 12 in den Gärten der Wonne, 13 eine ganze Schar (von ihnen) gehört den früheren (Generationen) an, 14 und (nur) eine kleine Anzahl den späteren. 15 Auf golddurchwirkten (?) Ruhebetten 16 liegen sie (behaglich) einander gegenüber, 17 während ewig junge Knaben unter ihnen die Runde machen 18 mit Humpen und Kannen (voll Wein?) und einem Becher (voll) von Quellwasser (zum Beimischen?), 19 (mit einem Getränk) von dem sie weder Kopfweh bekommen noch betrunken machen (Variante: werden), 20 und (mit allerlei) Früchten, was (immer) sie wünschen (w. sich auswählen), 21 und Fleisch von Geflügel, wonach (immer) sie Lust haben. 22 Und großäugige Huris (haben sie zu ihrer Verfügung), 23 (in ihrer Schönheit) wohlverwahrten Perlen zu vergleichen. 24 (Dies) zum Lohn für das, was sie (in ihrem Erdenleben) getan haben. [...] 35 (Und Huris stehen zu ihren Diensten.) Wir haben sie regelrecht geschaffen (w. entstehen lassen) 36 und sie zu Jungfrauen gemacht, 37 heiß liebend und gleichaltrig.*

die sich verschleiert, übernimmt damit auch ein Stück moralische und spirituelle Verantwortung für ihre männliche Umwelt, indem sie diese daran hindert, vom rechten Weg abzukommen. Der richtig angelegte Schleier signalisiert jedem Mann, dass seine Trägerin ihr Leben Gott geweiht hat und an weltlichen Affären nicht interessiert ist. [...] Wir sehen, der Schleier als Bestandteil des islamischen Moralsystems schützt die Reinheit seiner Trägerin und die des (un-)gewollten Betrachters und dient somit dem Schutze der Familie.

Rabeah Yalniz

Zentrale Aussagen

Das Bild von der muslimischen Frau ist im Westen seit langem von stereotypen Vorstellungen geprägt. Frühere europäische Kritiker glaubten zu wissen, dass die Frau im Islam keine Seele besäße und damit weit unter dem Mann stände. Sie dürfe nicht am gesellschaftlichen Leben teilnehmen (Stichwort: Schleier und Harem), und sie müsse sich im Bereich des Familienrechts den Interessen des Mannes unterordnen (z. B. Polygamie, Scheidung).

Die Stellung der Frau im Islam ist ein komplexes Thema. Sie variiert von Land zu Land, und innerhalb einzelner Länder spielt das Stadt-Land-Gefälle eine beträchtliche Rolle. Viele die Frau betreffenden Verhaltensweisen und Tabus sind nur teilweise religiös bedingt. Mannigfache kulturelle Faktoren und teilweise auch Bestandteile eines vorislamischen Gewohnheitsrechts sind für eine Gesamtbeurteilung notwendig. Auch der ausgeprägte Ehrbegriff in Bezug auf weibliche Familienangehörige hat seine Ursachen nicht ausschließlich im Islam. Vielmehr handelt es sich um typische Merkmale patriarchalischer Gesellschaften, die auch im christlichen Orient, im orthodoxen Judentum und in Ländern mit überwiegend katholischer Bevölkerung (Spanien, Italien, Lateinamerika) anzutreffen sind.

Verglichen mit dem vorislamischen Arabertum stellten Muhammads Anordnungen bezüglich der Frau beträchtliche Reformen dar:

- Die Frau ist in ihren religiösen Rechten und Pflichten dem Manne gleichwertig, doch sie ist Stellvertreterin Gottes auf Erden, für ihr Tun verantwortlich und zusammen mit dem Mann beauftragt, Gottes Heilsplan zu verwirklichen. »Wer aber Rechtes tut, Mann oder Frau, und gläubig ist ... wird nicht das entfernteste Unrecht zu leiden haben.« (4,125).
- Nach koranischer Vorstellung ist auch Eva nicht die Verführerin Adams und damit an der Vertreibung aus dem Paradies schuldig, sondern Satan verführt sie beide (7,19ff.).
- Nicht die Familie, sondern die Frau erhält das Brautgeld und verwaltet ihr Vermögen selbst.
- Die vorislamische Polygamie wird auf vier Frauen beschränkt – mit der Auflage, sie alle gleich zu behandeln. Viele Reformer interpretieren dies als eine indirekte Aufforderung zur Einehe. [s. S. 33, Sure 4,3].
- Die Willkür des Mannes bei der Scheidung wird eingeschränkt, da er gewisse Sorgepflichten erfüllen und Wartezeiten einhalten muss (4,35). Auch die Frau kann sich unter bestimmten Umständen scheiden lassen (z. B. verletzte Unterhaltspflicht des Mannes, bestimmte Krankheiten oder langjähriges Fortbleiben des Mannes, schlechte Behandlung). Dennoch ist sie nach unseren Maßstäben im Ehe-, Scheidungs- und Erbrecht benachteiligt; denn sie kann sich nur bei Unterlassungen und Fehlern des Mannes, nicht aber aufgrund einer veränderten Neigung scheiden lassen. Weibliche Nachkommen erben außerdem weniger. Dahinter steht die Überzeugung, dass Söhne häufig finanziell für eine Großfamilie sorgen und unverheiratete weibliche Verwandte unterstützen müssen.

Der Koran enthält keine eindeutige Bestimmung darüber, dass sich Frauen verschleiern müssen und ihr Wirkungsbereich auf das Haus beschränkt ist. Es gibt zwar einen Vers, der es guten Musliminnen empfiehlt, sich außerhalb des Hauses schamvoll zu kleiden, aber von einem Gesichtsschleier ist nicht die Rede. Außerdem sollte diese Bestimmung die Frauen nicht aus der Öffentlichkeit verbannen, sondern dazu beitragen, dass sie als anständige Frauen erkannt werden, da die Sitten in den damaligen Oasenstädten relativ freizügig waren: »Sage auch den gläubigen Frauen, dass sie ihre Augen niederschlagen und sich vor Unkeuschem bewahren sollen und dass sie nicht ihren nackten Körper, außer nur, was notwendig sichtbar sein muss, entblößen und dass sie ihren Busen mit dem Schleier verhüllen sollen.« (24,32). Bräuche wie das Tragen von Schleiern und Institutionen wie der Harem sowie die Verbannung der Frau aus dem öffentlichen Leben entstanden erst, als nach der Übernahme des Kalifats durch die Abbasiden (750) persische und byzantinische Gewohnheiten den Lebensstil zu prägen begannen. Seit dem 19. Jahrhundert entstanden Reformbewegungen, die sich u.a. für die Einbeziehung der Frau in das öffentliche Leben, für eine bessere Ausbildung der Mädchen, für ein verändertes Ehe- und Scheidungsrecht und für das Kennenlernen vor der Ehe einsetzen. Sowohl einige Reformer als auch ihre Gegner beriefen sich auf den Koran, da dort einerseits Verse vorhanden sind, die eine Unterordnung der Frau nahelegen, als auch andererseits solche, in denen Ansätze für eine rechtliche Gleichstellung festzustellen sind. [...]

Heute hängt die Stellung der Frau im Wesentlichen davon ab, ob es sich um Bereiche des Zivilrechts oder des religiösen Sharia-Rechts handelt. Dem zivilen Recht zufolge genießen viele muslimische Frauen aktives und passives Wahlrecht und sind auch im öffentlichen Leben annähernd dem Mann gleichgestellt. [...]. Behält die Sharia hingegen für das Familienrecht Gültigkeit, so bieten Polygamie und Scheidungsrecht weiterhin Anlass zu Diskussion und Kritik. Generell untersagt ist die Polygamie in der Türkei, in Tunesien, dem Irak und der Volksrepublik Jemen. In anderen Ländern wird sie – wenn auch mit großen Einschränkungen – noch praktiziert. In Syrien, Libanon und Jordanien muss die Frau ihre Einwilligung zu einer Heirat des Mannes mit einer zweiten Frau geben. In Algerien und der Volksrepublik Jemen sind keine willkürlichen Verstoßungen mehr erlaubt. Das Heiratsalter wurde in fast allen Ländern heraufgesetzt. Allerdings werden oft falsche Altersangaben gemacht. Darüber hinaus gibt es nach wie vor Probleme im Scheidungsrecht, im Sorgerecht für die Kinder und in der geschlechtsspezifischen Erziehung, die im Zuge der Reislamisierung eher zunehmen.

Monika Tworuschka

Erfahrungen deutscher Frauen, die zum Islam konvertierten

Katharina ist still. Schüchtern hält sie sich mit Interpretationen des Koran oder des Hadith (Sammlung der Aussprüche und Taten des Propheten Mohammed) zurück. Zu frisch ist ihre Bekehrung, zu unsicher fühlt sie sich noch in der neuen Glaubenswelt. Eines aber hat die 30jährige Akademikerin aus Stuttgart schon erfahren: Fassungslos berichtet sie über die Unduldsamkeit in ihrer Wohngemeinschaft. »Wie siehst du denn aus!« kommentierten Katharinas Mitbewohner ihren Versuch, sich nach der islamischen Kleiderordnung zu richten und ein Kopftuch umzubinden. Das tat weh: die Erkenntnis, dass man sich mit der neuen Religion zur Außenseiterin stempelt.

»Ich wurde katholisch erzogen. Das Christentum war für mich selbstverständlich. Meine erste Berührung mit dem Islam war negativ: Als Lehrerin erlebte ich türkische Mädchen, die nicht zum Lernen kamen, weil sie im Haushalt so stark belastet wurden. Den Islam lernte ich über meinen syrischen Mann kennen«, erzählt Chadidscha. Die Religion begann Chadidscha zu interessieren, nicht nur, weil sie viele christlich-moralische Werte wiederfand. Ihr schien der Islam verständlicher. »Im Christentum hatte ich immer Probleme mit der Dreifaltigkeit gehabt. Der Islam dagegen ist streng monotheistisch.

Ungleichheit von Mann und Frau

Sure 4, 34 Die Männer stehen über den Frauen, weil Gott sie (von Natur vor diesen) ausgezeichnet hat und wegen der Ausgaben, die sie von ihrem Vermögen (als Morgengabe für die Frauen?) gemacht haben. Und die rechtschaffenen Frauen sind (Gott) demütig ergeben und geben acht auf das, was (den Außenstehenden) verborgen ist, weil Gott (darauf) acht gibt (d.h. weil Gott darum besorgt ist, dass es nicht an die Öffentlichkeit kommt). Und wenn ihr fürchtet, dass (irgendwelche) Frauen sich auflehnen, dann vermahnt sie, meidet sie im Ehebett und schlagt sie! Wenn sie euch (daraufhin wieder) gehorchen, dann unternehmt (weiter) nichts gegen sie! Gott ist erhaben und groß.

Die Frau als Saatfeld des Mannes

Sure 2, 223 Eure Frauen sind euch ein Saatfeld. Geht zu (diesem) eurem Saatfeld, wo immer ihr wollt!

Deutsche Muslimin

❖ *Der Schleier – ein »Symbol der Missachtung der Frau«, ein »praktischer Schutz vor der Begehrlichkeit der Männer« oder »Bekenntnis zu Gott und gottesfürchtigem Verhalten«?*

❖ *Frauen und Männer sind verschieden: Welche Aussagen des Islam zum Verhalten und zum Verhältnis von Mann und Frau stimmen Sie zu, mit welchen Begründungen würden Sie gegen andere argumentieren?*

Mir gefielen auch die einfachen Geschichten, um Kindern moralische Werte zu vermitteln. Sieben Jahre befasste ich mich mit dem Islam, vor vier Jahren trat ich über. Ich hatte Angst, es meinen Eltern zu sagen, ich fühlte mich wie zerrissen. Meine Mutter war erst traurig, doch jetzt hat sie den Eindruck, dass ich ruhiger bin.« Keine dieser Musliminnen konvertierte von heute auf morgen. Viele der Frauen waren früher praktizierende Christinnen, so wie die 37jährige Chadidscha, Mutter und Lehrerin. Die Suche nach dem absoluten Gott führte diese Frauen zu Allah. Der Koran ist Gottes Wort – ein Vorteil gegenüber der von Menschen überlieferten Bibel, sagen sie. Der Islam bietet Regeln, um alle Lagen des Alltags zu meistern, loben sie. Und noch einen Vorteil nennen die Bekehrten: Die Sexualität ist im Islam innerhalb der Ehe kein Tabu wie im Christentum, wo sie ausschließlich zum Mittel zur Fortpflanzung degradiert ist.

»Schrittweise wurde ich zur Muslimin, erst für mich allein, dann erfuhr es meine Familie. Ich versuchte, die fünf Gebetszeiten einzuhalten, zu fasten ... Das Kopftuch war der letzte Schritt. Für mich heißt es: Ich stehe zu meinem Glauben. Ich wollte gewappnet sein, um Angriffe der Außenwelt parieren zu können. Deshalb wollte ich erst viel über den Glauben lernen. Meine größte Überraschung war: es kamen keine Angriffe. Natürlich schauen mich die Leute an, wenn ich mit dem Kopftuch durch München gehe, aber ich schaue frech zurück.« Ina, die Lehrerin an der Islamischen Schule in München und Ehefrau eines Syrers, scheint jegliche Zweifel überwunden zu haben. Es kostet Überwindung, in einer Gesellschaft das Kopftuch zu tragen, in der – wie Emine polemisiert – Haarspray kulturell wertvoller ist. Dennoch tragen viele deutsche Musliminnen das Kopftuch. Dabei gilt der Kopftuchzwang als religiöse Pflicht als umstritten. Im Koran ist zwar davon die Rede, dass man sich züchtig gewanden, den Busen verbergen soll. Ein ausdrückliches Schleiergebot jedoch lässt sich nicht finden. Der Schleier sei byzantinische Tracht gewesen, ohne Bedeutung im islamischen Kulturraum, bis ihn Mohammed seinen Frauen verordnet habe, um ihnen einen anderen Status zu verleihen, argumentieren Kopftuchgegner – auch unter Muslimen. Dann erst habe die Tradition den Schleier zum Symbol der Tugendhaftigkeit zementiert, zum Symbol des Islam überhaupt, so wie der Tschador bei uns mit Rückständigkeit gleichgesetzt wird. Doch wenn eine Konvertitin das schwarze Tuch überwirft, tut sie das freiwillig.

»Die Kleidervorschriften haben mir erst nicht eingeleuchtet«, gesteht Eva, eine Muslimin aus Aachen. »Ich war der Ansicht: ein anständiger Mann guckt die Frau nicht an. Doch ich wurde eines Besseren belehrt. Ein Teil des Männerverhaltens ist die Gier. Die Kleidung ist eine Möglichkeit, die Beziehung zu den Männern zu neutralisieren. Heute ist mein Kontakt zu ihnen nicht mehr wie vor 17 Jahren, als ich übertrat. Ich versuche, nicht mit einem Mann allein im Raum zu sein, verberge alles, was den Schmuck einer Frau ausmacht.« Eva achtet auf züchtige Kleidung, ist aber dennoch schick. Das Kopftuch, das die Lehrerin auch vor ihrer Klasse trägt, hat sie kunstvoll drapiert. Ihr Mann, ein Ägypter, unterstütze ihre Haltung. In der Zeit des Propheten war eine emanzipierte Frau keine Seltenheit. Beispiele sind schon zwei der Frauen Mohammeds: Chadidscha, die Kauffrau, in deren Dienste Mohammed als junger Mann trat, oder Alischa, der nach dem Tod des Propheten die Überlieferung eines Großteils des Hadith zu verdanken ist. Beide waren – nach unseren Maßstäben – emanzipiert. Der Islam brachte den Frauen im Vergleich zu früheren Zeiten Verbesserungen. Vor allem im rechtlichen Bereich: das Eigentum seiner Ehefrau beispielsweise ist für den Mann tabu. Sie muss bei Erbschaften berücksichtigt werden – wenn auch geringer als der Mann, der mit seinem Anteil die Familie ernähren muss. Der Mann darf vier Frauen nehmen – vorausgesetzt, er behandelt sie gleich. Andere Punkte stellen die Frau eindeutig hinter dem Mann zurück. So darf er sie ohne Angabe von Gründen verstoßen. Er hat die juristische Vorrangstellung. Vor Gott aber sind beide gleich – Mann und Frau. Auch züchtiges Verhalten wird beiden abverlangt. Die Tradition hat dies jedoch verwischt. Sie billigt dem Mann eine ungezügelte Sexualität zu, die sie der Frau verweigert.

Sibylle Thelen

Ein positives Frauenbild im Islam?

Der Quran enthält sicher Aussagen über die Stellung der Frau, die gegenüber den altarabischen Umgangsformen einen erheblichen Fortschritt bedeuteten. [...] Auch die Hadithen enthalten eine ganze Reihe von Aussagen, die bis heute zu Ungunsten der Frau gern übersehen werden, z. B. die Hadithen 454 und 483 (vgl. Marginalspalte links).

Doch es gibt auch eine Vielzahl von Textstellen im Quran wie in den Hadithen, die die Frau als der Willkür-Herrschaft des Mannes unterworfen sehen. [...] Sehr weitgehend und innerhalb des orthodoxen Islam heftig angegriffen sind [...] die Untersuchungen von Fatema Mernissi (z. B. in »Der politische Harem. Mohammed und die Frauen«, Dagyeli, Frankfurt 1989), in denen sie der Frage nachgeht, wie sich die Rolle der Frau, wie sie Mohammed empfahl und wie sie im Quran bestimmt ist, in Abhängigkeit von verschiedenen Erfahrungen Mohammeds entwickelte. Dabei weist sie z. B. auf die um sich greifende (von Männern erzwungene) Prostitution hin und vermutet, dass Mohammed den Frauen erst auf diesem Hintergrund empfahl, sie sollen »sich in ihren Überwurf verhüllen. So ist es am besten gewährleistet, dass sie (als ehrbare Frauen) erkannt und nicht belästigt werden« (33, 59). An anderer Stelle setzt sie sich mit einem in der islamischen Tradition sehr wirkungsreichen Hadith auseinander, nach dem Abu Bakr vom Propheten den Ausspruch gehört haben will: »Niemals wird das Volk zum Wohlstand gelangen, das seine Geschäfte einer Frau anvertraut« (Mernissi, a. a. O., S. 67). Mernissi zeigt, dass Abu Bakr, ein ansonsten nicht unzuverlässiger Zeuge, bei diesem Hadith durchaus egoistische, überlebenswichtige Motive gehabt haben mag, die diesen Hadith unglaubwürdig machen: Aischa, Mohammeds Lieblingsfrau – er hatte sie mit sechs adoptiert und mit Beginn der Geschlechtsreife geheiratet, so dass sie bei seinem Tod noch sehr jung war – diese Aischa bezweifelte, dass Ali ein rechtmäßiger Nachfolger Mohammeds war, sie zog als Feldherrin an der Spitze eines Heeres gegen Ali in den Krieg [...]. Als Ali Aischa schließlich besiegt hatte, wurde auch Abu Bakr nach seinem Verhältnis zu ihr befragt. Genau in diesem Moment, fünfundzwanzig Jahre nach Mohammeds Tod, fiel ihm daraufhin der passende Ausspruch Mohammeds ein: Ein unglaubwürdiger Hadith, dem Generationen von Frauen bis heute verdanken, dass sie von öffentlichen Geschäften und politischer Mitbestimmung ausgeschlossen wurden.

Manfred Pöpperl

»Nach Abu Huraya:
Die ältere [ehemals] verheiratete Frau darf nur mit ihrem eigenen Einverständnis verheiratet werden. Die Jungfrau darf nur verheiratet werden, nachdem sie nach ihrer Erlaubnis gefragt worden ist.
Sie sagt: O Gesandter Gottes, wie gibt sie ihre Erlaubnis?
Er sagte: Indem sie schweigt. (454)
Der Prophet sprach nach Aisha:
Der Beste unter euch ist der Beste zu seinen Frauen. Und ich bin unter euch der Beste zu meinen Frauen. (483)

Der Koran spricht von vielen Frauen mit Hochachtung – doch gibt es auch eine Vielzahl von Textstellen, die die Frau der Willkür des Mannes unterworfen sehen

2. Schlaglichter islamischer Politik

Vom osmanischen Reich zur neuen Türkei

Jahrhunderte lag das griechisch-orthodoxe Byzantinische Reich wie ein Puffer zwischen der islamischen Welt und dem katholischen Europa. Doch als Konstantinopel fiel, war der Weg frei. Das Abendland zitterte vor den türkischen Heeren. Mehrfach standen sie vor den Toren Wiens [...]: Kreuz gegen Halbmond. Selbst der Reformator Martin Luther, Freund weder der Katholiken noch des Habsburger Kaisers Karl V., ruft alle Christen zum Kampf auf. »Du sollst nicht fürchten, dass du in der Türken Heer unschuldiges Blut vergießt, denn sie sind von Gott als seine Feinde zum Tode und zur Hölle verurteilt. Deine Faust und dein Spieß sind jetzt Gottes Faust und Gottes Spieß und du bist Gottes des allergrößten Herrn Scharfrichter und Henker wider seinen großen verdammten Feind.«
Wien kann sich behaupten. Die Türken haben keine schwere Artillerie. Ihre Riesenkanonen sind bei anhaltend schlechtem Wetter im Schlamm des Balkans stecken geblieben. Fast drei Wochen lang versuchen die Türken vergebens, die Mauern zu stürmen. Mit der Nässe kommen Ruhr und Typhus. Der Sultan gibt auf und zieht sich nach Ungarn zurück. Noch einmal ist das Abendland davongekommen. Vor dem Abzug am 16. Oktober 1529 hören die Wiener noch Schüsse und »Wehgeschrei«. Die Türken töten alle Gefangenen, die sie nicht mitzunehmen gedenken, Kinder, Alte und Kranke, zusammen etwa 2000. [...]

»Hier sind die Tore der Freiheit weit geöffnet«

Wenn Ruhe im Land herrscht, sind die osmanischen Sultane sogar toleranter als die christlichen Herrscher. Es gibt keine Inquisition, keine Hexenprozesse und Juden-Pogrome. Christen und Hebräer dürfen als »Schriftbesitzer«, die wie die Muslime an einen einzigen Gott glauben, ihre Religion frei ausüben, wenn sie eine Art Religionssteuer zahlen. Viele der von den »Allerkatholischsten Herrschern Ferdinand und Isabella« aus Spanien vertriebenen Juden siedeln sich im Osmanischen Reich an. Nach 150 Jahren blutiger und teurer Grenzkriege mit dem Habsburger Reich, mit Persien und den Russen stehen die Osmanen 1683 noch einmal vor Wien. Die Kaiserfamilie flieht. Zum letzten Mal ertönen im Abendland die Türkenglocken als Aufruf zum Widerstand. Doch die Einheitsfront gegen den Islam wird nur noch von den Kanzeln gepredigt. Seit 1536 schon ist das katholische Frankreich mit den Osmanen gegen das katholische Habsburg verbündet. Realpolitik hat längst den Krieg der Religionen abgelöst. Für die Kaiserstadt Wien ist die Gefahr so real wie bei der ersten Belagerung. Diesmal sind die Türken besser ausgerüstet, aber schlechter geführt. Der Sultan selbst ist nicht da, der begeisterte Jäger geht lieber in den Wäldern des Balkans auf die Pirsch. Großwesir Kara Mustafa, der Befehlshaber des Heeres, hat in hundert Karossen den gesamten Harem des Sultans ins Feldlager mitgebracht, darunter die Sultanin Chasseki in einem ganz mit Silber beschlagenen Gefährt. Kara Mustafa ist so sehr von seiner Überlegenheit überzeugt, dass er die einzeln anrückenden christlichen Entsatztruppen nicht daran hindert, sich zu vereinigen. So wird seine Armee am 12. September 1683 entscheidend besiegt.
Damit ist die Türkengefahr endgültig gebannt. Anfang des 18. Jahrhunderts nimmt Prinz Eugen den Türken Ungarn und einen Teil des Balkans wieder ab. In der ersten Hälfte des 19. Jahrhunderts erkämpfen Griechen und Serben ihre Selbstständigkeit, gegen Ende auch Bulgarien. Der Schrecken des Abendlandes mutiert zum »kranken Mann am Bosporus«. Auf seine Besitzungen spekulieren die europäischen Mächte. Vorausschauende Geister sehen, dass der korrupte, wirtschaftlich stagnierende Staat reformiert werden müsste. Aber 1785 lyncht eine wütende Menge in Istanbul, wie Konstantinopel jetzt heißt, den Reformminister Halil Hamid und wirft seine Leiche in den Bosporus, um den Hals ein Schild, auf dem dieses erste Opfer einer fundamentalistischen Revolte als Feind des Islams und des Reichs verunglimpft wird.

Aufstand gegen »Geldherrschaft des Auslands«

Da haben die Russen den Türken bereits die Krim weggenommen, die Algerier sich vom Osmanischen Reich losgelöst. In Ägypten baut der Franzose Ferdinand de Lesseps ab 1859 den Suezkanal. Die Aktien für sein Start-up-Unternehmen kann Lesseps in Europa nicht loswerden. Mit geschickt eingefädelten Betrugsmanövern dreht er eine Anteilsmehrheit dem türkischen Statthalter in Ägypten an. An den Gewinnen der Gesellschaft aber ist das Land erst ab 1938 beteiligt. Die Staatsfinanzen brechen zusammen. Die Engländer kaufen für einen Spottpreis alle Anteile auf. Als später in Kairo ein Aufstand gegen diese »Geldherrschaft des Auslands« ausbricht und der Sultan in Istanbul nicht eingreift, besetzen die Engländer 1882 Ägypten.

Die Schlacht am Kahlenberge – Sieg der kaiserlichen Truppen am 12.9.1683. Zeitgenössisches Gemälde

Inzwischen sind auch die Deutschen nicht untätig. Preußische Offiziere bilden schon seit Anfang des 19. Jahrhunderts die türkische Armee aus mit eher bescheidenen Ergebnissen, wie diverse Niederlagen zeigen. Erfolgreicher sind sie als Lobbyisten der deutschen Rüstungsindustrie: Fast alle Waffen werden bei Krupp oder Mauser bestellt. Als 1889 Kaiser Wilhelm II. mit hochgezwirbeltem Schnurrbart die Türkei besucht, dient er dem Sultan 500 schwere Krupp-Geschütze an – der Kaiser ist selbst Großaktionär der Firma.

Neun Jahre später ist Wilhelm II. wieder da. In weißer Uniform sprengt er auf einem schwarzen Hengst durch eine eigens für ihn geschlagene Mauerbresche in die Altstadt von Jerusalem. Ein paar Tage später besucht er Damaskus, legt am Grab Saladins einen Kranz nieder und verspricht, ein Mausoleum aus feinstem Marmor zu errichten. »Deutschland über Allah«, spottet die britische Presse. Was dem romantisch-wirren Kaiser bei seinen Visiten durch den Kopf geht, ist einmal die Förderung der strategisch wichtigen Bagdadbahn, für die Deutschland 1888 die Konzession erworben hat. Sie soll von Istanbul bis an den Persischen Golf mit seinen Ölvorkommen führen. Zum Zweiten denkt er an einen gemeinsamen heiligen Krieg Deutschlands und des Islams gegen das englische Kolonialreich in Ägypten und Indien. [...] Eines übersieht der kaiserliche Oberstratege: Das Osmanische Reich ist kurz vor Kriegsausbruch nicht mehr Sprecher und Garant des Islams. Seit der Revolution der »Jungtürken« 1908 ist das bisherige Vielvölkerimperium auf dem Weg zu einem türkischen Nationalstaat, der arabische Gouverneure durch türkische ersetzt und die türkische Sprache in den Schulen forciert. Die Araber fühlen sich zurückgesetzt. So steht zwar 1914 die Türkei auf der Seite der Mittelmächte Deutschland und Österreich-Ungarn, des Erbfeinds von einst. Doch die Araber im Osmanischen Reich halten sich an die andere Kriegspartei, Großbritannien und Frankreich. Diese versprechen 1916 der arabischen Bewegung einen eigenen Staat, der in etwa Syrien, Irak, Jordanien und Palästina umfassen soll. Der Aufstand gegen die Osmanen bricht los. Mit Hilfe der Briten und unter dem legendären Lawrence von Arabien erobern die Beduinen-Krieger 1918 Damaskus. Der Weg zur Unabhängigkeit scheint frei. Da haben sich Frankreich und Großbritannien insgeheim im Sykes-Picot-Abkommen längst geeinigt, den Nahen Osten unter sich aufzuteilen. Und der britische Außenminister Jaines Balfour hat schon den Juden eine »nationale Heimstätte« in Palästina zugestanden, ohne die Araber zu fragen. Im Geist des Sykes-Picot-Deals lassen sich England und Frankreich 1920 »Mandatsgebiete« zuweisen. Der Traum von Großarabien geht nicht in Erfüllung. Den Arabern bleibt in ihrer Enttäu-

❖ *Der Artikel spricht von einem »arabischen Trauma«: Welche Ursachen werden beschrieben? Wie könnte dieses Trauma gelöst werden?*

❖ *Wie nehmen Sie die Türkei wahr – »gehört« sie zum Westen oder zum Osten?*

schung nur eines: der bittere Glaube an eine Verschwörung des Westens gegen ihre Welt – bis heute das arabische Trauma schlechthin. »Unsere Gemeinschaft erfährt diese Erniedrigung und Entwürdigung seit mehr als 80 Jahren«, sagte Osama bin Laden deshalb auf dem Video, das nach den ersten amerikanischen Luftangriffen auf Afghanistan [2001] gesendet wurde.

Teja Fiedler

Revolution unterm Halbmond

Ein junger Offizier verordnet der Türkei eine Radikalkur: neue Rechte, neue Kleidung, neue Schrift und die Öffnung nach Westen

Sommer 1918, Hotel Imperial im mondänen Kurort Karlsbad. Im Festsaal tanzen europäische Paare Onestep und werden dabei von einem 37-jährigen osmanischen Offizier namens Mustafa Kemal beobachtet. Der Held der Dardanellen-Schlacht ist auf Erholung zwischen zwei Fronteinsätzen.

Mustafa Kemal, genannt Atatürk (»Vater der Türken«), um 1927

Nur drei Monate später kollabiert das osmanische Riesenreich, und die Alliierten schicken sich an, die Rest-Türkei aufzuteilen. Kemals Stunde hat geschlagen: Er wirft die fremden Mächte kurzerhand aus dem Rumpfstaat, schafft das Sultanat ab, ruft 1923 die Republik aus und unterwirft sein Land einem einzigartigen Reformprogramm. »Religion und Staat müssen voneinander getrennt werden. Wir müssen die Unterschiede zwischen Mann und Frau aufheben. Wir müssen die Schrift ändern, die uns daran hindert, an der westlichen Zivilisation teilzunehmen. Wir müssen uns in jeder Beziehung, bis hin zu unserer Kleidung, nach dem Westen ausrichten«, verkündet der Brachial-Reformator und Staatspräsident, der sich später den Namen Atatürk geben lässt, Vater der Türken.

Die »kemalistische Revolution« beginnt: Das Kalifat wird abgeschafft und damit der Führungsanspruch über die islamische Welt, der christliche Kalender wird eingeführt, so dass die muslimischen Türken fortan am ihnen heiligen Freitag arbeiten und dafür am christlichen Sonntag ruhen müssen. Die Polygamie wird verboten, die Frauen erhalten das Wahlrecht, eine neue Kleiderordnung verbannt über Nacht den Fes der Männer und den Schleier der Frauen. Und tatsächlich tanzen die Türken in Istanbul und Ankara jetzt Onestep, während Atatürk, eine charismatische Kreuzung aus Dandy und Militär, seinem manchmal etwas überforderten Volk fröhlich mit dem Schnapsglas zuprostet. Das arabische Alphabet wird durch das lateinische ersetzt und so mit einem Schlag das gesamte schriftliche Gedächtnis der osmanischen Zivilisation künftigen Generationen entzogen.

Anschließend lässt Mustafa Kemal sämtliche persischen und arabischen Fremdwörter streichen, man spricht jetzt »Neutürkisch«. Der osmanische Kosmopolitismus weicht türkischem Nationalismus. Türke ist fortan jeder, der in der Türkei lebt, auch wenn er Kurde, Tscherkesse oder Araber ist. Und in der Schule sollen die kleinen neuen Türken nicht von den Osmanen lernen, sondern von ihrem vorislamischen Ahnen wie den Hethitern und Sumerern.

Als Atatürk 1938 stirbt – an einer Leberzirrhose, das ist sein letzter anti-islamischer Akt –, hinterlässt er ein runderneuertes Land. Die Türkei bleibt seinen Idealen treu, sucht die Westbindung, tritt der Nato bei und bewirbt sich um Mitgliedschaft in der EU. Allerdings wird der Kemalismus zum Dogma, jeder, der vom »rechten Weg« abweicht, wird brachial zurückgepfiffen. Dass die islamische Partei heute trotz aller Manöver der Generäle das stärkste politische Potenzial im Land ist, zeugt davon, dass für viele Türken die Frage immer noch ungeklärt ist, ob sie zum Osten oder zum Westen gehören. Doch trotz dreier Militärputsche bleibt der Kemalismus ein erfolgreiches Modell. Zwar ist die Türkei eine Militärdemokratie, aber immerhin die am besten funktionierende Demokratie in der islamischen Welt.

Levent Tayla

Feierlichkeiten zum 20. Jahrestag der »Islamischen Revolution« 1999

Beispiel: Iran

»Der Koran ist unser Programm«
Wie der politische Islam die moslemischen Nationen aufwühlt

Von allem Anfang an war der Islam politisch orientiert. Mohammed war nicht nur der Verkünder einer neuen religiösen Lehre, sondern auch einer theokratischen Staatsidee. Der Islam versteht sich gleichermaßen als »din«und »daula«, als »Religion« und »Herrschaft«. Die Weltabgeschiedenheit der Sufis, der islamischen Mystiker, gehört ebenso zur islamischen Religiösität wie der »djihad«, der Heilige Krieg oder die Revolte gegen den gottlosen, weil ungerechten Herrscher.

Die Umwälzung in der islamischen Welt, die mit Begriffen wie »Renaissance des Islam« oder »Re-Islamisierung« bezeichnet wird, ist nichts anderes als eine Akzentverschiebung zugunsten der politischen Komponente dieser Weltreligion. Diese Verschiebung hat ihre Wurzeln in der politischen und kulturellen Entwicklung der islamischen Welt der letzten hundert Jahre. Im Zuge der Entkolonialisierung entstand zu Beginn dieses Jahrhunderts eine Reihe Nationalstaaten auf islamischem Boden. Sie waren nach westlichem Vorbild organisiert und wurden dementsprechend von westlich ausgebildeten, laizistischen Eliten geführt. Diese machten den Nationalismus – und nach dem Zweiten Weltkrieg einen nichtmarxistischen Sozialismus (Nasserismus, Baathismus) – zur Leitlinie ihres Handelns.

Das vom Nationalstaat erhoffte Heil ließ indes auf sich warten. Die politischen und ökonomischen Abhängigkeiten blieben bestehen oder wurden sogar noch größer. Hinzu kam eine wachsende kulturelle Dominanz des Westens, welche die angestammten Werte und herkömmlichen Lebensformen der moslemischen Bevölkerung zu zerstören drohte. So ist es wenig erstaunlich, dass sich viele Moslems auf das zurückbesannen, was ihr Bewusstsein und ihre Identität am ursprünglichsten bestimmte: auf den Islam.

Ebenso ist es nicht verwunderlich, dass sich diese Rückbesinnung im Zeichen eines politisch motivierten Fundamentalismus vollzog und weiterhin vollzieht. Die neuen islamischen Fundamentalisten sind mit der Verheißung angetreten, mit dem »gottlosen« Status quo aufzuräumen und eine islamische »Civitas Dei« zu errichten, in der den Gläubigen nicht nur das Heil im Jenseits, sondern auch das Glück des Diesseits beschieden ist.

Die erste Möglichkeit für die Errichtung eines islamischen Staates bot sich im Iran. Hier war durch die rasche Industrialisierung und die damit verbundene Landreform in den sechziger und siebziger Jahren ein Millionenheer von landflüchtigen Bauern enstanden, das am Rande der großen Städte in Gettos zusammengepfercht dahinvegetierte. Die Mustazafin, die Ärmsten der Armen, hatten die glitzernde Welt des Pahlewi-Regimes, die Protzsucht der Öl-Parvenüs, die unheimliche Technologie der westlichen Zivilisation nur aus der Perspektive der Mülltonne erlebt. Tief in religiösen Vorstellungen verwurzelt, waren sie mehr als alle anderen Teile der iranischen Gesellschaft empfänglich für die schiitischen

- *Warum konnte die »westliche Zivilisation« mit ihren Werten viele Menschen in den muslimischen Ländern nicht (mehr) überzeugen?*
- *Warum erhielt in dieser Situation besonders die schiitische Richtung des Islam eine solche Überzeugungskraft?*
- *Welche Grundsätze der iranischen Verfassung wären in einer westlichen Verfassung nicht denkbar?*

Fundamentalismus, islamischer: *In der Forschung werden auch die Bezeichnungen »Islamismus«, »Integrismus« oder »islamischer Nativismus« verwendet.*
[...] Der Begriff wurde zuerst auf eine Gruppe amerikanischer Theologen in den Jahren 1909–1915 angewandt, welche sich u. a. für eine wörtliche Auslegung der Bibel aussprachen. Erst ein halbes Jh. später hat man diesen Begriff auf Erscheinungen in anderen Religionen (Hinduismus, Judentum und Islam) ausgeweitet. Als allen Formen des Fundamentalismus gemein wird das Streben nach einer reinigenden Reform bestehender Glaubensinhalte und religiöser Praktiken vor dem Hintergrund der eigenen Vorstellung von den grundsätzlichen Prinzipien und Normen der vertretenden Religion angesehen. Die Fundamentalisten sehen ihre Auslegung der heiligen Texte als die einzig gültige an. Umstritten ist, ob der i. F. ein Phänomen der Moderne darstellt oder sich Verbindungslinien zu früheren vormodernen Bewegungen ziehen lassen. Er unterscheidet sich von der allgemeinen Tendenz der Re-Islamisierung durch einen hohen Grad an Organisiertheit. Als Träger gelten u. a. die radikale Fraktion der Muslimbruderschaft, die Jamaat sowie die palästinensische Hamâs, die algerische Islamische Heilsfront und die libanesische Hizbollah.
Stephan Conermann

Verheißungen einer gerechten und gottgefälligen Welt. Hier fand die islamische Revolution ihre Speerspitze. *Ahmad Taheri*

Aus der Verfassung der Islamischen Republik Iran

Die Islamische Republik ist eine Ordnung, die auf folgenden Glaubenssätzen beruht:
1. Die Einzigkeit Allahs (es gibt keinen Gott außer Allah), seine alleinige Entscheidungsbefugnis und Gesetzgebung sowie die Notwendigkeit der Hingabe unter seinen Willen.
2. Die göttliche Offenbarung und ihre grundlegende Bedeutung für das Formulieren der Gesetze.
3. Wiederauferstehung und ihre maßgebende Rolle beim Entwicklungsprozess des Menschen hin zu Allah.
4. Die Gerechtigkeit Allahs in Schöpfung und Gesetzgebung.
5. Imamat und seine selbstständige, grundlegende und immerwährende Führungsrolle im Fortbestand der Islamischen Revolution.
6. Adel und Würde des Menschen und seine mit Verantwortung verbundene Freiheit vor Allah.

Die Islamische Republik gewährleistet durch Gerechtigkeit, politische, wirtschaftliche, soziale, kulturelle Unabhängigkeit und nationale Zusammengehörigkeit:
a) ständige Neugewinnung der islamischen Vorschriften durch anerkannte islamische Rechtsgelehrte auf der Grundlage des Koran und der Tradition der Reinen;
b) Nutzung von Wissenschaft, Technik und Fortschritt menschlicher Erfahrungen und das Bemühen, sie weiter zu entwickeln;
c) Ablehnung jeder Unterdrückung und jeder Unterwürfigkeit, jeder Herrschaft und Knechtschaft.

Islamischer Fundamentalismus

Fundamentalismus und die Entwicklung des Rechts: Die islamische Schari'a als Ordnungsnorm

Neben der weltanschaulichen Konstruktion einer neuen ›Regierungsform‹ namens *Hakimiyyat Allah* (Gottesherrschaft) ist die Forderung nach *Tatbiq* al-schari'a (Anwendung der Schari'a) der zweitwichtigste Inhalt der neuen Ideologie des islamischen Fundamentalismus. Dies bedeutet, dass die Islamisierung des Rechts nach Maßgabe der Schar'ia zum Bestandteil des religiösen Fundamentalismus im Islam gehört. [...] Ich [muss] gleich einleitend hinzufügen, dass das Wort Schari'a im Koran nur einmal, in Sure *al-Diathia*, vorkommt (45, 18). Darüber hinaus lassen sich an nur zwei weiteren Stellen im Koran Ableitungen davon finden. Aus dieser Tatsache allein folgt [...], dass die Schari'a als Rechtssystem nur im historischen Sinne zentral ist: Sie ist post-koranisch und von islamischen Fiqh-Gelehrten (Sakraljuristen) konstruiert worden, also nicht Bestandteil der islamischen Offenbarung. Im Zeitalter von Globalisierung und Zivilisationskonflikten [...] prallt die Schari'a als Rechtstradition mit universellen Ansprüchen mit dem ebenso universell ausgerichteten säkularen westlichen Rechtssystem zusammen. Die Folge ist der Ruf nach Entwestlichung des Rechts in der islamischen Zivilisation. [...] Mit der europäischen Expansion und der aus ihr hervorgegangenen Globalisierung ging ein Anspruch auf Universalisierung – auch des Rechtes – einher. Mit der ›Revolte gegen den Westen‹ erheben sich nun nicht-westliche Zivilisationen gegen diesen Rechtsuniversalismus und die Übertragung vermeintlich fremder Rechtstraditionen. Das Vehikel der Revolte ist der religiöse Fundamentalismus. Die islamische Spielart ist seine prominenteste Form. [...]

Im Islam gibt es zwar nur eine Zivilisation, in der eine weitgehend einheitliche Weltsicht vorherrscht, jedoch vereinigt diese Zivilisation zahlreiche lokale Kulturen, die jeweils ihre lokal-kulturelle Bestimmung der *Schari'a* haben. Mit anderen Worten: Es gibt keine einheitliche *Schari'a*. Allein in der größten islamischen Nation der Welt, in Indonesien, gibt es dreihundert lokale Kulturen. [...] Entsprechend vielfältig ist auch das islamische Strafrecht. Zu dieser Vielfalt kommt hinzu, dass die Rechtssprechung auf der Basis der islamischen Schari'a nicht auf einem kodifizierten Recht fußt, weil die Schari'a als göttliches Gesetz nur interpretativ durch Deutung des Korantextes und des *Hadith* (Überlieferung des Propheten) ausgelegt werden kann. Kurz: es gibt kein islamisches Rechtsbuch, wie etwa das BGB, namens Schari'a. [...] Der flexibel-interpretative Charakter der Schari'a öffnet aber nicht nur der Vielfalt der Deutungen, sondern auch der Willkür Tür und Tor. Schlimm ist in diesem Zusammenhang das Fehlen jedes demokratischen Pluralismus, der abweichende Interpretationen zuließe. Jede Deutung der Schari'a beansprucht für sich das Geltungsmonopol. Die Fundamentalisten nennen Muslime, die ihre Schari'a-Deutung nicht teilen, *Kafirun* (Ungläubige) und legitimieren hierdurch deren Verfolgung und Ermordung. [...]

Schari'a versus säkulares, positives Recht

Gerade durch die Forderung nach der ›Wiedereinführung der *Schari'a*‹ stellt der islamische Fundamentalismus eine Herausforderung an die westliche Zivilisation dar. Andere Fundamentalisten mögen auch Gottesgesetze wollen, sind aber weniger eine weltpolitische Herausforderung. So hat z.B. auch die Hindu-Zivilisation ihre eigene Rechtstradition, die mit dem Begriff Dharma zusammengefasst wird. Aber der Ruf nach der Dharma ist nicht mit dem nach der Schari'a zu vergleichen. Denn die Hindu-Zivilisation ist weder missionarisch, noch hat sie universelle Ansprüche,und so bleibt der Ruf nach der Dharma auf den indischen Subkontinent, d.h. die Region jener Zivilisation, beschränkt. Anders ist es im Islam und im Westen, wo beide Zivilisationen für ihre Anschauungen Universalität beanspruchen und somit traditionell in einem weltanschaulichen Konflikt miteinander stehen. [...]
Im Gegensatz zum Westen konnte die Entfaltung der islamischen Zivilisation im Rahmen der Verbreitung des Islam und der damit einhergehenden Eroberungen zwischen dem 7. und 17. Jahrhundert zwar viele Teile des Globus, nicht aber die gesamte Welt umfassen. Von den Muslimen wird daher die westliche Moderne, mit deren Hilfe Europa die Welt zu erobern vermochte, vor allem ihre fortdauernde Expansion, als Ursache des Niedergangs der islamischen Zivilisation angefeindet. [...]
Philologisch und rechtshistorisch ist die Schari'a eine post-koranische Konstruktion; ihre Entfaltung vollzog sich ein Jahrhundert nach der islamischen Offenbarung mit der Bildung der vier Rechtsschulen (Hanafismus, Hanbalismus, Schafi'ismus und Malikismus). [...]
Vor dem Aufstieg des Fundamentalismus wurde die Schari'a also nicht als Staatsrecht verstanden. [... Sie] diente als Zivilrecht auf der kommunitären Ebene der Madhabib (konfessionelle Rechtsschulen) und war vorwiegend auf Erbschafts- und Eheangelegenheiten beschränkt. [...] Der Ruf nach Entwestlichung des Rechts und der Rückkehr zur Schari'a schließt auch die Anwendung der Hudud-Strafen ein. Dies erfolgt in einer Welt, die von der Moderne geprägt und in der der Staat Rechtsträger und -vollzieher ist. Was ist das Hudud-Strafrecht und warum ist es gerechtfertigt, es als barbarisch zu bezeichnen?

Das islamische Hudud-Strafrecht als Rückfall hinter die Aufklärung

Fundamentalisten wollen die Schari'a gemäß der von ihnen konstruierten Rechtsauffassung einführen. Damit wollen sie – ungeachtet der historischen Realität, dass sie in der Geschichte vor allem Zivilrecht war –, dass auch das Hudud-Strafrecht als Bestandteil der Schari'a im Sinne von Staatsrecht Anwendung findet. [...]
Zum besseren Verständnis müssen wir stets vergegenwärtigen, dass im klassischen islamischen politischen Denken – bis auf wenige Ausnahmen und anders als in der politischen Praxis – der Staat nicht im Mittelpunkt stand; alles drehte sich um die Schari'a und die Umma (Weltgemeinde des Islam), [...] der Begriff Daula (Staat) lässt sich in keiner autoritativen klassischen islamischen Quelle finden. Damit will ich sagen: *Din wa daula* (Entsprechung von Religion und Staatsordnung) ist ein fundamentalistischer Begriff unserer Gegenwart. [...] Unter den Islamisten unserer Zeit wird realistisch erkannt, dass der Ruf nach der Schari'a zunächst auf deren Anwendung innerhalb der bestehenden Staaten beschränkt sein muss. Dennoch wird auf den universellen Anspruch nicht verzichtet. Der Pragmatismus gebietet es aber, seine Umssetzung auf Zeiten zu verschieben, in der die Welt des Islam mächtiger ist. Doch vertreten die Islamisten [...] die Auffassung, dass das Endziel eine auf der Schari'a basierende islamische Weltordnung sein müsse. Hierzu gehört eine universelle Geltung des Hudud-Strafrechts. Was beinhaltet dies?
Die als Rechtssystem konstruierte islamische Schari'a unterscheidet zwischen zwei Formen von Delikten, die sich auf unterschiedliche Rechtsverletzungen beziehen; sie differenziert zwischen *Haq Allah* (Gottesrecht) und *Haq adami* (das Recht des Menschen) – nicht

❖ *Wie ist die Scharia entstanden und welche Vorschriften enthält sie?*
❖ *Warum bewertet Tibi die Scharia als Herausforderung für das säkulare Recht und das Hudud-Strafrecht als barbarisch?*

zu verwechseln mit dem modernen Begriff der Menschenrechte. Für die Verletzung von Gottesrechten stehen die höchsten Strafen an, bei denen es weder Revision noch Begnadigung gibt, weil Gottesrechte absolut, die menschlichen dagegen relativ sind und die Verletzung der letzteren kompensierbar ist. [...] Zu den Gottesrechten gehört in erster Linie der Glaube. Obwohl der Koran verkündet *La ikraha fi al-din* (es gibt keinen Zwang in der Religion), hat Glaubensfreiheit in der realen Geschichte des Islam niemals existiert. Kein Muslim darf seinen Glauben widerrufen oder wechseln. Tut ein Muslim dies, dann begeht er *Riddah* (Apostasie). Für einen *Murtad* (Apostat) gibt es eine *Hadd-Strafe*, unabhängig davon, auf welchem Territorium sich dieser Mensch befindet. Das Strafrecht erkennt keine Grenzen an. Glaubensfreiheit gibt es angesichts der *Riddah-Doktrin* im Islam nicht. [...] Aufklärung heißt die Annahme eines Mensch-zentrierten Weltbilds. Aber in der islamischen *Schari'a* ist ein *Hadd* (Plural *Hudud*) ein Recht Allahs, auf dessen Verletzung die jeweilige *Hudud-Strafe* steht. Der Mensch darf keinen Einfluss darauf haben. Die Vollstreckung der *Hudud-Strafen* erfolgt durch Tötung mittels Steinigung oder Enthauptung durch das Schwert für die größeren Vergehen, das Abtrennen von Hand und/oder Fuß für Diebstahl und Straßenraub und öffentliches Auspeitschen in unterschiedlicher Intensität sowie mit unterschiedlicher Anzahl von Schlägen (39 bis 100). Der Abfall von der Religion des Islam, die *Riddah*, ist das schwerste Vergehen. [...] Doch besteht unter der Mehrheit des islamischen Rechtsgelehrten Einigkeit darüber, dass Apostasie mit dem Tod zu bestrafen ist. Weitere Vergehen gegen die *Hudud* (Rechte Allahs) sind *Sariqa* (Diebstahl), *Zina* (unehelicher Geschlechtsverkehr), *Qadhf* (Rufmord/Diffamierung durch Verbreitung falscher Tatsachen), *Schurb al-khamr* (Weintrinken) sowie *Qat al-tariq* (Straßenraub).

Zu unterscheiden vom Hudud-Strafrecht ist das *Djinayat*-Strafrecht. Dieses bezieht sich auf Vergehen von Menschen gegen Menschen, z.B. Mord oder Körperverletzung. Hierfür ist im Islam die Kategorie der *Djinayat-* (Singular *Djinaya*) Strafen geprägt worden. Hier gilt das Prinzip des *lex talionis* (Gleiches mit Gleichem vergelten). Dieses Prinzip hat der Islam aus der beduinischen Kultur übernommen. Der islamische Begriff hierfür ist *Qisas*, d.h. Vergeltung – etwa für Mord durch Tötung oder, wenn die Angehörigen der Opfer zustimmen, durch Verurteilung zu einem *Diya* (Blutgeld). Letzteres findet vor allem dann Anwendung, wenn das Vergehen von Menschen gegen Menschen (Verletzung von Rechten des Menschen) nicht-intentional erfolgt ist, so dass Sühne akzeptiert werden kann. Auf vorsätzlich begangene Delikte (Amd oder Qasd) stehen in der Schari'a höhere Strafen. Für Delikte, die aus Versehen begangen werden – dies gilt auch für den Hudud-Bereich, z.B. Weintrinken aus Versehen –, sind geringere Strafen vorgesehen.

Außer im traditionalistischen Saudi-Arabien und in den beiden fundamentalistischen Ländern Iran und Sudan sowie in Afghanistan und neuerdings in Pakistan findet das *Hudud-* (wie auch das *Djinayat-*)Strafrecht nirgendwo in der Welt des Islam unserer Gegenwart Anwendung. Unsere Welt befindet sich jedoch zu Beginn des 21. Jahrhunderts an einem Wendepunkt, zu dem der Ruf nach Entwestlichung des Rechts und die Rückkehr zu den eigenen Rechtstraditionen gehört. Werden wir im 21. Jahrhundert mit dem *Hudud*-Strafrecht leben müssen?

Perspektiven

Auf die Frage, ob die Staaten der islamischen Zivilisation im neuen Jahrhundert die *Schari'a* sowie ihr *Hudud*-Strafrecht übernehmen werden oder ob sie sich kulturübergreifenden Forderungen nach Humanisierung des Rechts im Rahmen einer aufgeklärten Rechtspolitik anschließen, können nur die in der Welt des Islam lebenden Muslime eine Antwort geben. Der Westen darf dagegen weder Weltrechtler noch Weltvollzugsorgan spielen.

In Bezug auf die islamische Gemeinde im Westen (Europa und Nordamerika) müssen Nicht-Muslime ein Mitspracherecht haben und sagen dürfen: Das islamische *Hudud*-Strafrecht ist mit einer ›aufgeklärten Kriminalpolitik‹, d.h. Humanisierung des Strafrechts, nicht vereinbar. Nicht gering ist die Zahl der liberalen Muslime, die ähnlich wie ich argumentieren und Steinigung, Auspeitschen und Händeabschneiden als unserer Zeit unangemessene barbarische Strafen deuten. Deshalb rufen sie nach einer Reform des islamischen Rechts. Ob diese muslimischen Stimmen in der islamischen Zivilisation in

absehbarer Zukunft Gehör finden werden, kann nicht nur, wie manche eurozentrischen Europäer denken, durch ›herrschaftsfreie Kommunikation‹ gelöst werden.
Wer die politische Macht und die Möglichkeit hat, die Massen religiös zu steuern, wird bestimmen können, welchen Weg die islamische Zivilisation nimmt. In Europa dürfen deshalb Islamisten keine Macht gewinnen. Ich teile die Naivität einiger deutscher Kirchenväter über die weltanschauliche Neutralität des Staates gegenüber den Islamisten nicht. Bischof Huber schreibt: »Das Grundgesetz verpflichtet den Staat zu ... weltanschaulicher Neutralität«. Wer aber verteidigt das Grundgesetz gegen den Fundamentalismus? [...] Fundamentalisten Totalitarismus vorzuwerfen ist [...] vollkommen gerechtfertigt, und Europäer sollten sich davor hüten, den Totalitarismus der islamischen Fundamentalisten im Namen der Religionsfreiheit hoffähig zu machen. Multikulturalismus im Rechtsbereich gibt Fundamentalisten die benötigten Instrumente für die Durchsetzung ihrer Schari'a-Rechtsauffassungen an die Hand. In der Welt des Islam selbst üben sie ›Recht‹ entweder mit der Gewalt des Staates (Iran, Sudan, Afghanistan, aber auch Ägypten und Pakistan) oder mit der Gewalt der irregulären *Djihad*-Krieger wie in Algerien aus. Von Muslimen können Christen die Grenzen der Toleranz lernen. *Bassam Tibi*

Ein eigenständiges islamisches Modell der Politik?

Eine große Frage ist immer noch offen: Warum verlangt ein großer Teil der islamischen Massen nach einem eigenen ›Islamischen Modell‹, und inwieweit lehnen sie ein westliches Modell ab, nachdem sie die kommunistische Ideologie und ihr System als gegen den Islam gerichtet erkannt haben? Obwohl der Zeitpunkt für die Gesamtanalyse des Phänomens noch verfrüht sein mag, kann man eine Reihe von Gründen oder Motiven schon jetzt erkennen. Vorweg muss gesagt werden, dass die Ursache nicht in der ›Konfrontation mit der modernen Technologie‹ zu sehen ist. Hier sind keine besonderen Gegensätze zum Islam zu erkennen. Die islamischen Völker sind ebenso wie alle anderen Völker der Dritten Welt mit den Problemen der Anpassung an die moderne Technologie, der Modernisierung im Rahmen einer gezielten Entwicklungsplanung und einer Demokratisierung konfrontiert. Wir sehen den Ursprung für eine Ablehnung der vorhandenen Modelle in Ost und West und das Motiv für die Suche nach einem eigenen alternativen Modell islamischer Prägung vielmehr in folgenden Punkten:

• Der größte Teil der Bevölkerung sind gläubige Menschen, für die der Islam nicht nur Religion, sondern auch die kulturgeschichtliche Wurzel ihres Lebens und wesentlicher Bestandteil ihres nationalen Bewusstseins darstellt.
• Dies wird auch nicht durch die Tatsache geschmälert oder beeinträchtigt, dass das Schicksal der islamischen Länder für eine gewisse Zeit in den Händen einer Elite-Gesellschaft westlich-europäischer und linksorientierter Prägung lag. Beiden gesellschaftlichen Richtungen gelang es nicht, diesen wichtigen kulturgeschichtlichen und politischen Bestandteil ihrer Völker zu erkennen; somit verfehlen sie die direkte Beziehung zu den Volksmassen.
• Einwände gegen das westliche Modell richten sich nicht gegen die technischen und wissenschaftlichen Errungenschaften, die bewundert und bejaht werden, sondern gegen das Gesamtpaket mit all seinen Begleiterscheinungen, nämlich:

a) Dem materiell-atheistischen Aspekt der modernen Wissenschaften, der durch einen geschichtlichen Zusammenstoß mit dem christlichen Abendland entstanden ist, und der aus islamischer Sicht ein rein europäisches Nebenprodukt ist, das nicht unbedingt einen Bestandteil des Fortschritts in den Naturwissenschaften darstellt.
b) Der undifferenzierten Nachahmung aller Aspekte europäischer Lebensweise ohne Rücksicht auf die traditionellen eigenen kulturellen Werte, was Entwurzelung der Menschen und den Verlust der eigenen Identität bedeutet.
c) Der Skepsis und dem Misstrauen gegenüber der Kolonialherrschaft und der nachfolgenden Ausbeutung, die als Begleiterscheinung des modernen europäischen Zeitalters die islamischen Völker schwer traf und ihre Unterentwicklung zur Folge hatte. [...]

Die islamische Bewegung ist außerdem eine Reaktion auf folgende Fakten:
• Das erprobte Modell ebenso wie der östliche Weg des Sozialismus sind in der angewandten Art als Fehlschlag zu bezeichnen – eine effek-

❖ Diskutieren Sie die von Tibi vorgeschlagenen »Grenzen der Toleranz« angesichts des aufgeklärten säkularen Staatsverständnisses westlicher Demokratien: Das Grundgesetz verpflichtet den Staat zu weltanschaulicher Neutralität.

❖ Sind eine moderne gesellschaftliche Entwicklung und eine Verwurzelung in religiösen Grundsätzen vereinbar oder sich bekämpfende Prinzipien?
❖ Stehen die Menschenrechte höher als religiöse Grundsätze oder sind die Glaubensaussagen einzelner Religionen wertvoller als die Menschenrechte?

tive Lösung für die Entwicklungsprobleme, zum Abbau der sozialen Gegensätze, zum Aufbau der Demokratie gab es nicht. Sogar der Zustrom von Milliarden Petro-Dollars half nicht, diesen Zielen näherzukommen.

• Das Gefühl der Bedrohung nationaler Interessen und staatlich-völkerrechtlicher Unabhängigkeit stärkt die moslemischen Abwehrmaßnahmen. Nach der Unabhängigkeit von englischer und französischer Kolonialherrschaft bestehen keine Ambitionen, nun wiederum zu einem Streitobjekt zwischen den [...] Großmächten [...] zu werden. Auch die Tatsache, dass das Nahostproblem immer noch ungelöst und die heilige Stadt Jerusalem ein ständiger Zankapfel geblieben ist, alarmiert die islamischen Massen. Die Besetzung Afghanistans [in den 1980er Jahren durch die Sowjetunion] hat die Bedrohung und die Gefahr nur noch weiter erhöht. Man kann somit feststellen, dass sich in der islamischen Welt zur Zeit drei Richtungen herauskristallisieren. Die erste sieht eine Möglichkeit im harmonischen Zusammenspiel des modernen technischen Lebens mit den Lehren des Islam vor, sofern man die islamischen Grundwerte als wesentlichen Bestandteil der Gesellschaft betrachtet.

Die zweite Richtung versucht, aus den negativen Erfahrungen der Vergangenheit Erkennntisse zu ziehen, und strebt ein direktes islamisches Modell an, verbunden mit einer vollen Absage an das westliche sowie das östliche Modell.

Die dritte Alternative schließlich sieht einen sozialistischen Weg, der die wirtschaftliche Misere und sozialen Gegensätze überbrücken und lindern sollte.

Alle drei Richtungen haben aber einen primären Gedanken gemeinsam, nämlich, dass man das religiöse und kulturgeschichtliche Element des Islam und seine damit verbundenen Werte, die sich in vierzehn Jahrhunderten in den Gedanken der islamischen Menschen festsetzten, keinesfalls außer acht lassen kann. *Hamdy Mahmoud Azzam*

Menschenrechte

(arab. ḥuqûq al-insân, pers. ḥuqûq-i insân, türk. insan hakları). Schon früh wurden in islamischer Philosophie, Theologie und im Recht die Rechte des Individuums im Unterschied zu den Rechten der Herrscher festgestellt. Mit dem zunehmenden Kontakt zu Europa verbreiteten sich dann die Konzepte der Aufklärung und Vorstellungen der Französischen Revolution. Zur gleichen Zeit drängten bürgerliche Eliten im Osmanischen Reich angesichts von Zentralisierungsbestrebungen der Regierungen auf Verfassungen, die die Rechte von Individuen verbriefen. Das Hatt-i şerif (»Großherrscherliches Handschreiben«) von 1839 und die Hatt-i hümayun (»Erlass des Sultans«) von 1856 z. B. garantierten dem Individuum die Sicherheit von Leben, Ehre, Eigentum und einen fairen Prozess. Im Hatt-i hümayun wurde Diskriminierung aufgrund von Rasse und Sprache verboten. In der allerdings bald ausgesetzten und erst 1908 wiederbelebten Osmanischen Verfassung von 1876 wurden im Abschnitt Huquq-i umumiye (»Allgemeine Rechte«) allgemeine Freiheiten garantiert, darunter auch das Recht der uneingeschränkten Religionsausübung. Als Mitgründer der Vereinten Nationen schlossen sich die meisten muslimischen Staaten der Allgemeinen Erklärung der M. vom 10. 12. 1948 an. Große Unterschiede gibt es bei der Unterzeichnung verschiedener Menschenrechtsdeklarationen. Durch die gegenwärtig zunehmende Bedeutung von islamischen Rechtssystemen als Identitätsmerkmal muslimischer Staaten kommt es zu Konflikten zwischen naturrechtlichen Herleitungen der Rechte und der Unverletzlichkeit des Individuums einerseits sowie den auf dem Prinzip der Souveränität Gottes aufbauenden Rechtskonzepten andererseits. Von der Organisation der Islamischen Konferenz wurde 1990 die »Kairoer Deklaration für Menschenrechte im Islam« verabschiedet, die jedoch von dem folgenden Gipfeltreffen der Staatsoberhäupter nicht ratifiziert wurde. Diese wie auch andere Erklärungen zeigen, dass Muslime M. als normativ anerkennen und es Bemühungen zur Angleichung gibt. In der Erklärung werden viele Konzepte und Termini der Menschenrechtserklärung der Vereinten Nationen übernommen, jedoch gibt sie im Konfliktfall Vorschriften der Scharia den Vorrang. Das Recht auf Leben und die Menschenwürde werden koranisch legitimiert (Suren 6:151, 17:30, 33:72). Einschränkungen gegenüber den allgemeinen M. bedeuten folgende Punkte: Die Gleichheit von Frauen und Männern wird in Bezug auf ihre »Würde«, nicht aber in ihren Rechten festgestellt (Artikel 6). Aufgrund des Apostasieverbotes wird religiöse Freiheit so verstanden, dass lediglich Nichtmuslime ihre Religion wechseln können. Der Abfall vom Islam steht hingegen unter Strafe. Auch die Freiheit des Wortes wird unter den Vorbehalt eines Blasphemieverbotes gestellt. Menschenrechtsbewegungen in muslimischen Ländern sind zahlreich. 1933 wurde eine der ersten im spanischen Protektorat in Marokko gegründet. Die meisten Bewegungen entstanden in den 1980er Jahren, oft gegen den Widerstand der Regierungen, in Iran z. B. das »Iranische Komitee für die Verteidigung von M.«, in der arabischen Welt ist die vielleicht wichtigste Organisation die »Arabische Organisation für M.«.

Christian Szyska

3. Muslimisches Leben in Deutschland

Junge muslimische Männer in Deutschland

Haben männliche muslimische Jugendliche in Deutschland eine erhöhte Gewaltbereitschaft? Haben sie trotz ihres Andersseins faire Möglichkeiten sich zu entwickeln?
Ann-Christin Jürgensen erzählt von ihren Erfahrungen. Die deutsch-dänische Doppelpass-Besitzerin arbeitet seit sechs Jahren als Streetworkerin mit männlichen deutschen und ausländischen Jugendlichen im Brennpunkt-Stadtteil Vahrenheide (Hannover). Sie ist außerdem Vorsitzende des »Vereins für Straßensozialarbeit in Niedersachsen und Schleswig-Holstein«. Nach anfänglichen Kontaktschwierigkeiten der Streetworker zu den Jugendlichen in Vahrenheide, »da hatte ich auch mal ein Messer am Hals«, konnte sie durch »erlebnispädagogisches Klettern im Ith« [Gebirge in der Nähe von Hannover], Vertrauen zu den Jugendlichen aufbauen. »Nach der Fahrt war es uns möglich, mit denen eng zusammen zu arbeiten.« Bald darauf hieß es unter den Jugendlichen, »da kannst du hingehen, da helfen sie dir«. In den sechs Jahren hat Jürgensen viele Jugendliche im Stadtteil kennen gelernt und in dem schwierigen Altersabschnitt begleitet. Die meisten ihrer ausländischen muslimischen Jugendlichen sind türkischer oder kurdischer Herkunft, einige kommen aus dem Libanon und Marokko. Die Erfahrungen der Streetworkerin zeigen, dass männliche muslimische Jugendliche in Deutschland mit massiven Schwierigkeiten zu kämpfen haben. Von einer gelungenen Integration kann nicht die Rede sein. Zu den Schwierigkeiten der Jugendphase gesellen sich die Probleme von Migranten in einer fremden deutschen Kultur.
Havva Mermertas (Ausländerbeirat Hannover, Mitglied im Stadtelternrat und Vorsitzende des Vereins »Eltern türkischer Kinder«) stellt fest, »dass die JVA Hameln voll ist mit ausländischen muslimischen Jugendlichen«. Verschiedene Untersuchungen lassen vermuten, dass bei männlichen muslimischen Jugendlichen ein erhöhtes Gewaltpotential vorhanden ist. Die Gründe für Gewalt und Kriminalität sind aber unklar und umstritten.
In der Religion wurden keine direkten Ursachen für erhöhte Gewaltbereitschaft gesehen. Verschiedene Teilnehmer der Woche der Muslime betonten den friedlichen Wesenskern des Koran. Ein türkischer Moslem bringt es folgendermaßen auf den Punkt: »Dass Gewalt religiös motiviert ist, das kann man so nicht stehen lassen. An sich ist der Koran friedlich und legitimiert keine Gewalt. Religion kann aber missbraucht und benutzt werden, um Gewalt zu legitimieren.« Hassan Dehne (Muslimische Jugend Deutschlands) meint, dass »in der öffentlichen Diskussion die Religion mit der traditionellen Kultur verwechselt wird«. Unwissentlich werden von den meisten Deutschen tradierte Ehrenvorstellungen

einer männlich geprägten Kultur dem Islam zugeordnet. In den traditionellen Kulturen werden dagegen Gründe vermutet, die das Gewaltpotential der Jugendlichen verstärken. Jose Torrejon (Katholische Sozialarbeit für zugewanderte Jugendliche) fragt: »Wie ist das Verhältnis der jeweiligen muslimischen Bürger zu einer demokratischen Kultur und inwieweit wird Gewalt in den Familien oder in der Politik toleriert?«

Der Begriff der »Ehre« wird der traditionellen Kultur zugeordnet. »Ehre ist kein theologischer Begriff« (Dr. Obeidullah Mogaddedi). Der Begriff der Ehre blieb in der Diskussion nebulös. Im Kern geht es den Jugendlichen mit dem Begriff der Ehre um ihre Selbstbehauptung und um Anerkennung durch die Gesellschaft, in der sie aufwachsen. Die »Ehre« kann aber außerdem vortrefflich als Entschuldigung für eigenes (Fehl-)Verhalten dienen. »Ehre, Ehre, immer nur diese Ehre, die wird vorgeschoben als Ausrede für alles Mögliche«, meinte ein Teilnehmer nach dem Ende der Gesprächsrunde. In Bezug auf die Kulturen wurde von verschiedenen Teilnehmern angemahnt zu differenzieren und nicht alle muslimisch geprägten Kulturen gleichzusetzen. Beispielsweise leben indonesische Muslime andere Traditionen als türkische. »Die Muslime gibt es nicht« (Mermertas). In der Diskussion nahm das Themenfeld Ausgrenzung, Diskriminierung und Rassismus gegenüber muslimischen Jugendlichen breiten Raum ein. Jürgensen hält die »Ausgrenzung für alltäglich« und sieht keinen Erfolg bei der Integration der ausländischen Moslems: »Integration findet nicht statt.« Insbesondere Jugendliche reagieren empfindlich, wenn sie sich nicht von der Gesellschaft akzeptiert fühlen und offensichtlich benachteiligt werden. Sie reagieren schnell mit Gewalt. Das ist bei deutschen Jugendlichen nicht anders. Die Liste der Mängel bei den Bemühungen um Integration ist lang: Das reicht von der Schule und die Betriebe über die Polizei bis zur Justiz. An den Schulen kritisiert die Streetworkerin Jürgensen, dass viele Lehrer in Bezug auf muslimische Jugendliche voller Vorurteile sind. In den Gesamtschulen ist es auch nicht besser als in den anderen Schulen. Noch schlimmer sieht es in den Lehrbetrieben aus, »dort geht es häufig rassistisch zu«. Die in der schulischen Elternmitarbeit aktive Türkin Mermertas stellt fest: »Die Klischees werden hochgehalten. Besonders schwer haben es die türkischen Jungs. Sie werden über einen Kamm geschoren und alle für Machos gehalten, die ihre eigenen Schwestern an ihrer Entwicklung hindern.« Ein Fehltritt werde dramatisiert und dadurch würden Vorurteile zementiert. Die Jungs werden auf der Basis dieser Vorurteile vermehrt auf die Sonderschule geschickt. Auch in der Justiz haben männliche muslimische Jugendliche mit Diskriminierung zu kämpfen, so der pensionierte Uelzener Jugendrichter Peter Brandler, der im Landespräventionsrat tätig ist. »Schwierig ist für die Richter, sich in die Situation der Jugendlichen einzuarbeiten«. Sie haben zuerst mal Sprachschwierigkeiten, dazu fehlt das Wissen über die andere Kultur. Es bleibt ein Dunkelfeld, und Dunkelfelder werden mit Angst ausgefüllt. Das führt zu Strafen. [...]

Die Ausgrenzung der Jugendlichen gegenüber dem Arbeitsmarkt führt auch zu Unzufriedenheit bei den Jugendlichen. Ein Türke schilderte, wie er früher als Jugendlicher sich um Arbeit bemühte. Die Arbeitsvermittlerin sagte ihm, er könnte nur Arbeit erhalten, wenn die Deutschen und die EG-Bürger die jeweilige Arbeitsstelle nicht beanspruchen. Er drohte daraufhin, dass er eine Bank überfallen würde, wenn er keine Arbeit bekäme. Nur aufgrund des Drucks, sagte er, wäre ihm doch noch eine Arbeitsstelle vermittelt worden. Frau Jürgensen betont dazu, dass die mangelnde Integration im Arbeitsmarkt nicht als alleiniger Grund anzusehen ist für die Kriminalität bei den Jugendlichen. »Jeder Einzelfall ist unterschiedlich.« Nur zwei von 18 türkischen Jugendlichen in Vahrenheide hätten eine Lehre absolviert und trotzdem sei keiner kriminell geworden. [...]

Havva Mermertas fragt sich, warum so viele Jugendliche hier kriminell werden. Sie sieht, neben der Kritik an den deutschen Integrationsbemühungen, auch Gründe in den Familien. Es bestehe eine Beziehungskrise zwischen den Kindern, die in der modernen westlichen Welt aufwachsen, und den Eltern, die von den religiösen und kulturellen Traditionen ihres Heimatlandes geprägt sind. Weiterhin sieht sie einen Mangel an selbstkritischem Denken: »Die Eltern sollten sich weiterbilden, wir stagnieren, wir sind verpflichtet, uns mit der aktuellen und der zukünftigen Situation auseinander

❖ *Welche der hier beschriebenen Gründe für eine erhöhte Gewaltbereitschaft männlicher muslimischer Jugendlicher können Sie nachvollziehen?*

zu setzen.« Eine türkische Studentin der Sozialarbeit beklagt mangelnde Offenheit: »Die muslimisch-türkische Gesellschaft öffnet zu wenig die Türen für die deutsche Gesellschaft.« Sie schlägt Tage der offenen Türen vor, wo die Nicht-Muslime den Islam kennen lernen können und ihre Fragen beantwortet werden. Auch patriarchische Muster werden beklagt. Auf die Forderung eines türkischen Mannes nach türkischen Sozialarbeitern in Deutschland fragt sie zurück: »Welcher türkische Mann würde eine türkische Frau unterstützen, die Sozialarbeit studieren möchte?«

Nicholas Kaye

Die Vielfalt der Lebenswege muslimischer Frauen

Ein Film über drei junge Frauen, um die Zwanzig: Sie lachen zusammen, tuscheln, lachen wieder. Die Kamera begleitet die drei, wie sie Hand in Hand durch Berlin schlendern. Zwei von ihnen haben ihre Seidenkopftücher tief ins Gesicht gezogen und tragen lange, den Körper verhüllende Gewänder. Die dritte im Bunde ist eine attraktive Dunkelhaarige in modisch-knappem Top und Jeans. Äußerlich so verschieden wie nur möglich sind Gülcem, Gülcin und Meyrem trotzdem Freundinnen.

Die westlich gekleidete Meyrem versorgte schon als Kind ihre jüngeren Geschwister. »Mit sieben konnte ich schon Windeln wechseln und Babybrei kochen«, erinnert sie sich in dem Dokumentarfilm von Jana Matthes und Andrea Schramm »Kopftuch und Minirock – Junge Türkinnen zwischen Koran und Karriere« aus dem Jahr 1998. »Ihre Mutter arbeitet täglich zwölf Stunden in einem Gemüseladen und hat keine Zeit, sich um die jüngeren Geschwister zu kümmern«, erklärt dazu Gülcin Yilmiz. So kam es auch, dass Meyrem in relativer Freiheit von der fest geregelten Welt einer islamischen Familie aufwuchs. Äußerlich führt sie einen westeuropäischen Lebensstil. Käme sie mit einem deutschen Freund nach Hause, »würde meine Mutter mich umbringen«, sagt sie. «Wozu auch«, kontert ihre Freundin Gülcin, »wenn es hier über zwei Millionen Türken gibt?« Für Gülcin käme ein deutscher Mann niemals in Frage: Da sie in der allgegenwärtigen Obhut einer strenggläubigen muslimischen Familie aufwuchs, beachtet sie sorgsam die Regeln des Koran. Die Familie, das bedeutet »bei uns nicht nur, dass die Eltern etwas zu einem sagen, wie bei den Deutschen, sondern auch Onkel, Tanten, Großeltern«, weiß Gülcin. Seit ihrem elften Lebensjahr tragen sie und ihre Schwester Gülcem Kopftücher. Zunächst weil die Eltern es so wollten, später aus eigener Überzeugung. Gülcem [...] studiert mittlerweile Bauingenieurwesen. Ihre ältere Schwester Gülcin bereitet sich auf ihr Medizinexamen vor. [...] Zwölf Stunden am Tag zu büffeln oder in der Pathologievorlesung Leichen zu sezieren, kann der ehrgeizigen jungen Frau nichts anhaben. Unangenehm ist ihr dagegen die hierzulande übliche Begrüßung durch Hände schütteln. »Das ist haram«, sagt sie. (Im Arabischen bedeutet haram soviel wie »verboten«). Islamische Frauen dürfen Männern nicht die Hand geben, denn dadurch könnten »in dem Mann bestimmte Gefühle entstehen«, erklärt Gülcin. Und das soll gemäß dem Koran auf alle Fälle vermieden werden. Die bei Deutschen als völlig unverfänglich geltende Höflichkeitsgeste ist für sie deshalb verboten. Außerdem, fügt die künftige Ärztin hinzu, finde sie Händeschütteln unhygienisch. Gülcins jüngere Schwester Gülcem wollte nach ihrem überdurchschnittlichen Abitur zunächst nicht zum Abi-Ball gehen. Mit Männern zu tanzen ist muslimischen Frauen ebenfalls nicht erlaubt; außer mit dem eigenen, versteht sich. Meyrem zuliebe ist sie dann doch mitgegangen. Der Dokumentar-Film zeigt Gülcem mit ihrer Freundin Meyrem auf dem Fest. Hier sitzt die gläubige Muslimin mit Kopftuch verschleiert am Tisch, die Tanzaufforderungen ihrer Klassenkameraden muss sie ablehnen. Die Freundin hingegen kommt im super-kleinen Schwarzen und genießt ausgelassen das Fest. Allerdings ist auch sie im Film nicht mit Männern zu sehen.

Die Ausstrahlung des Films im Zweiten Deutschen Fernsehen (ZDF) vor zwei Jahren hatte für Meyrem unangenehme Folgen. Gülcin berichtete, dass ihre Freundin seither auf der Straße sowohl von türkischen als auch von deutschen Männern als »Schlampe« tituliert werde. Mit ihrer eigenen Familie bekam sie wegen ihrer Kleidung auf dem Abi-Ball ernste Schwierigkeiten. Gülcin: »Seit dem Film kann sich Meyrem nicht mehr so anziehen, wie sie es zuvor tat, und sie kann sich nicht mehr so

frei bewegen.« Entgegen vorheriger Absprachen, so Gülcin, hätten die Filmemacherinnen auch Szenen benutzt, die die jungen Frauen nicht gesendet haben wollten. Die Türkinnen wollen nun anwaltlich gegen die weitere Vermarktung des Films vorgehen.
Die Folgen der Dokumentation für Meyrem werfen in drastischer Weise ein Schlaglicht auf die Problematik der Kleiderordnung für Musliminnen. »Die Frau soll ihre Reize verstecken und sich verhüllen, so steht es im Koran«, erklärt Gülcins und Gülcems Bruder. So dürften von einer Frau lediglich Gesicht, Hände und Füße zu sehen sein. [...] Im engeren Familienkreis jedoch sei es ihr gestattet mit offenem Haar und kurzen Kleidern herumzulaufen. Nach den Regeln des Islam sei es Frauen außerdem verboten, sich zu schminken, sagt Gülcin. Viele Musliminnen hielten sich zwar nicht daran, man könne sich aber nicht nur an das halten, was einem passe. Ob Studium oder Religion, für die Studentin gilt in beiden Bereichen »ganz oder gar nicht«. Man könne, so sagt sie, auch nicht Medizin studieren, wenn man nicht bereit sei, zwölf Stunden täglich zu lernen. Ähnlich verhalte es sich mit dem Glauben. Meyrem erzählt in dem Film, dass ihre Brüder ihr vor einigen Jahren den Schminkkasten zertreten hätten. Sie brachte genügend Mut und Kraft auf, sich über die strengen Vorschriften hinwegzusetzen und gewann den Machtkampf. Die Familie musste akzeptieren, dass sie sich schminkte und alleine – ohne brüderliche Bewachung – ausging. »Heute bin ich stolz darauf, dass ich mich durchgesetzt habe«, sagt sie in dem Film. [...] Kinder aus Migrantenfamilien seien in der Religion einem sehr großen Druck ausgesetzt, so die Erfahrung mehrerer Sozialarbeiterinnen. Grund hierfür sei das Gefühl der Entwurzelung, das die Eltern hätten: »Man hat fast alles verloren, und so klammert man sich an den Glauben, der noch mit zu Hause verbindet.« Auch für Gülcin Yilmiz und ihre Familie bietet die Religion eine Heimat, die sie in Deutschland nicht gefunden haben. Die junge Frau spielt mit dem Gedanken in die Türkei zurückzukehren, wenn auch »nur mit einem Beruf«. Dennoch weiß sie: »In der Türkei hätte ich nicht ein Zehntel der Rechte, die ich hier habe.« Dort ist das Kopftuch in Schulen und Universitäten verboten. Zwar ist das Kopftuch in der Universität hierzulande erlaubt, trotzdem machte Gülcin die Erfahrung, dass das Kopftuch eine Hürde darstellt. Als sie sich in einem Supermarkt als Kassiererin vorstellen wollte, bot man ihr ungefragt die ebenfalls freie Stelle als Putzfrau an, obwohl sie Abitur hatte. »Den Job als Kassiererin bekam eine geschminkte und gestylte Frau angeboten«, erinnert sie sich. Als Gülcin einen Ferienjob im Krankenhaus suchte, musste sie ebenfalls eine Menge Absagen hinnehmen. Schließlich bekam sie doch eine Zusage von einer Klinik im vornehmen Berliner Stadtteil Wannsee. »Der Leiter sah mich an und schmunzelte«, erzählt sie. »Als er mich fragte, ob ich Blut abnehmen könnte, antwortete ich mit ja – und da hatte ich den Job.«
Die Patienten hätten auf sie in der Mehrzahl sehr höflich und freundlich reagiert, berichtet sie. Der Dokumentarfilm ließe allerdings nur einen älteren Patienten zu Wort kommen, der sich an ihrem Kopftuch störte, kritisiert Gülcin die Filmemacherinnen. Äußerlich gelassen ertrug die Medizinstudentin die penetranten Frotzeleien des Mannes. »Allerdings kotzt es mich an, jedes Mal für die Putzfrau gehalten zu werden«, beschwert sie sich in Hannover entnervt. »Das Kopftuch gilt als Sinnbild der dummen, unterdrückten muslimischen Frau«, brachte es eine Teilnehmerin auf den Punkt. [...] Ein Firmenleiter stehe auf dem Standpunkt: »Der, den ich einstelle, muss für uns attraktiv sein«. Eine neue Studie der Ruhruniversität Bochum belege zudem, »dass die Chancen für Mädchen mit Kopftuch äußerst begrenzt sind ... Da geht sehr

❖ Haben muslimische Mädchen und junge Frauen in Deutschland andere Probleme als nicht-muslimische?
❖ Haben junge muslimische Männer größere Probleme mit der Integration in die deutsche Kultur als junge Muslima?
❖ Wie ist die Forderung nach »Integration« zu beurteilen?

viel Potential verloren«, bedauerte der Ausländerreferent. »Die Vorurteile sind da und eben auch sehr groß.« Die Frage stelle sich daher »was machen Mädchen mit Abitur und guten Noten, die das Kopftuch tragen?« »Gibt es da Kompromisse?«, wollte Reinhard von der Diskussionsrunde wissen. Gülcin erklärt überzeugt: »Auf keinen Fall.« Dennoch wusste der Arbeitsamtsvertreter auch von vielen Mädchen, die sagen, »ich trage das Kopftuch, aber die Eltern haben nichts dagegen,wenn ich im Beruf kein Kopftuch trage«.

In der Tat wünschen sich viele türkische Eltern für ihre Kinder eine bessere Schulbildung, als sie selbst sie bekommen hatten. So erlaubte Gülcins und Gülcems Vater den Mädchen zu studieren. »Die Eltern wollen, dass ihre Töchter was lernen, damit sie nicht als Putzfrauen enden«, so Gülcin. [...]

Außer einer guten Schulbildung sei auch das Vertrauen wichtig, so Gülcin. Obwohl ihr Vater vor einigen Jahren in die Türkei zurückgekehrt sei, dürfen die Schwestern hier allein in einer eigenen Wohnung leben. Keine Selbstverständlichkeit. Auch beim Thema Klassenfahrt zeigt sich der Vater tolerant. Zwar war er zunächst dagegen, dass Gülcin im Gymnasium mit Lehrern und Mitschülern – ohne Eltern – wegfahren wollte, doch die Tochter konnte den Vater umstimmen. Heute sagt die junge Frau jedoch selbst: »Ich würde meine Töchter da nicht mitfahren lassen.« Es habe dort zu viele alkoholische Exzesse der Jungen gegeben, außerdem hätten Jungs im Mädchenschlafzimmer geschlafen und umgekehrt. Ihr persönlich habe das alles nicht gefallen. »Wenn ich möchte, dass meine Tochter nach der Religion lebt, muss ich dafür sorgen, dass mein Sohn auch nach der Religion lebt«, bemerkte dazu eine aus Ägypten stammende Bauingenieurin. In der Tat würden viele Eltern – egal ob türkische oder deutsche – ihren Söhnen mehr Freiheiten gestatten als ihren Töchtern. Ihrer Meinung nach werde die Religion oft instrumentalisiert, um die Töchter in Schach zu halten. Auch Gülcin gibt zu: »Bei islamischen Jugendlichen hüpfen die Jungs durch zehn Betten, aber geheiratet wird eine Jungfrau.« Ihre Freundin Meyrem, die sich das Recht erkämpft hatte, alleine ausgehen zu dürfen, hätte von ihrer Familie zu hören bekommen: »Geh wie ein Mann und komme wieder wie ein Mann.« Dieser zunächst unverständlich klingende Satz soll heißen, dass die junge Frau körperlich genau so »unversehrt« nach Hause kommen solle, wie ihre Brüder – als Jungfrau. Nur könne bei Männern keiner deren Jungfräulichkeit nachprüfen, im Gegensatz zu Frauen.

»Es ist nicht nur der Islam, es gibt auch frauenunterdrückende Tendenzen in christlichen Religionen«, berichtete eine aus einer spanischen Familie stammende Sozialarbeiterin von ihren Erfahrungen. So seien beispielsweise ihre Verwandten nicht damit einverstanden gewesen, dass sie alleine ohne familiäre Aufsicht in Deutschland studierte. Sie seien sehr um ihren Ruf besorgt gewesen, erinnerte sie sich. Oft seien Musliminnen nicht über ihre Rechte informiert, fügte Gülcin hinzu. So sei der Ehemann nach den islamischen Vorschriften verpflichtet, materiell für die Familie zu sorgen. Er müsse der Ehefrau genügend finanzielle Mittel an die Hand geben, um den Haushalt führen können. »Oft erfahre ich solche Dinge von deutschen muslimischen Frauen«, erzählte die mittlerweile mit einem Türken verheiratete Frau kopfschüttelnd. *Daniela Schulz*

Probleme der Muslime in der modernen Industriegesellschaft

In der Bundesrepublik verändert sich die Situation der türkischen Frau in verschiedener Hinsicht. Der Rahmen der Großfamilie des Dorfes oder der städtischen Nachbarschaft fällt weg; die Möglichkeit, die Freizeit mit anderen Frauen zu verbringen oder andere Kommunikation fallen weg oder verringern sich durch die neuen Wohnbedingungen erheblich; der Einfluss der Verheirateten auf ihren Mann und ihre Kinder schwindet durch ihre eigene Berufstätigkeit und die Schule. Hier stellt sich, vor allem für Tiefgläubige, die Umwelt der Europäer als besonders feindlich dar, so dass Sitten und Gebräuche der Heimat und die Regeln des Anstands bedeutend strenger verfolgt werden als dort, was unter anderem eine große Vereinsamung der Frau zufolge hat.

Dieser Rückzug auf die alten Traditionen und den Glauben ist eine konsequente Gegenreaktion auf die äußerst begrenzten Möglichkeiten der Muslime, ihren Glauben in der Arbeitswelt der Bundesrepublik zu praktizieren.

Das uneingeschränkte Recht auf freie Religionsausübung kann von christlichen und anderen Religionen, deren Praxis mit wenig Aufwand verbunden ist und deren Gläubige mit ihrer Religion freier umgehen, leichter ausgeübt werden. Für einen Türken ist es so gut wie unmöglich, die Gebetszeiten an seinem Arbeitsplatz einzuhalten; nur wenige Betriebe können oder wollen ihren türkischen Arbeitnehmern Räume für das Gebet und die vorherige »Aptes«, die Waschung, zur Verfügung stellen, weil dies eine zu häufige Unterbrechung des Produktionsprozesses bedeute, die in manchen industriellen Betrieben gar nicht möglich sei. Eine noch größere Schwierigkeit stellt für beide Seiten, Arbeitnehmer und Arbeitgeber, der Ramadan, die Fastenzeit dar. Denn viele türkische Arbeitnehmer versuchen, trotz Schwerstarbeit das Fasten einzuhalten, was eine hohe Unfallquote am Arbeitsplatz aufgrund von Ermüdung und Erschöpfung zur Folge hat. Eine Antwort auf die Problematik der islamischen Speisevorschriften sind viele türkische Lebensmittelgeschäfte, besonders im Ruhrgebiet. Viele Arbeiter, besonders der ersten Generation, essen nach wie vor nicht in der Kantine oder dort nur Kartoffeln und Gemüse, aus Furcht, in den Speisen könnte Schweinefleisch enthalten sein. Es haben sich regelrechte »Schlachtgemeinschaften« gebildet, in denen mehrere Familien gemeinsan ein Rind oder einen Hammel kaufen und das nach den Vorschriften des Koran geschlachtete Tier teilen.

Ein größeres Problem stellt für viele Muslime die Glaubensunterweisung ihrer Kinder, im Islam Aufgabe der Eltern, dar. Sie finden keine geeignete Lehrkraft, die sie engagieren könnten oder müssten, da sie selbst oft wenig von ihrem Glauben verstehen oder Analphabeten sind, bzw. keine arabische Schrift lesen oder schreiben können, in welcher der Koran geschrieben ist. Die Sprache des Koran gilt als unnachahmlich, weswegen der Gebrauch einer Übersetzung für einen gläubigen Muslim inakzeptabel ist. Vor allem dieses letzte Problem haben sich türkische Organisationen, die Koranschulen betreiben, zunutze gemacht. Für sie gibt es in der Bundesrepublik keinerlei Kontrollen oder gesetzliche Bestimmungen, während sie in der Türkei einer strengen staatlichen Kontrolle unterstehen. Dort dürfen nur Kinder, die die Grundschule bereits besucht haben, also wenigstens elf oder zwölf Jahre alt sind und über eine behördliche Erlaubnis verfügen, zum Koranunterricht gehen. In der Bundesrepublik wird der Koranunterricht schon von einer großen Anzahl türkischer Grundschüler besucht. Der von Hocas erteilte Unterricht wird sehr autoritär abgehalten und zwar von Lehrkräften, die weder einen Unterrichtsauftrag noch eine theologisch-pädagogische Lehrbefähigung besitzen. Oft kennen sie nur einen größeren Passus aus dem Koran auswendig. Korantexte übersetzen und erklären können sie, bis auf wenige Ausnahmen, nicht.

Neben den frommen und streng praktizierenden Muslimen, die in erster Linie ihre Kinder in die Koranschulen schicken und den dort zugrundeliegenden religiösen und politischen Konservatismus teilen, gibt es auf der anderen Seite eine nicht sehr große Anzahl Gleichgültiger, die kein Interesse am Islam zeigen und ihn nicht mehr praktizieren. Dazwischen besteht noch eine große Gruppe liberaler Muslime, die gläubig sind, aber versuchen, sich mit ihrem Glauben in deutschen Lebensverhältnissen einzurichten. Zwischen den drei Gruppen bestehen große Spannungen. Die frommen Muslime beschimpfen alle liberalen als »unechte« Muslime und beanspruchen für sich, den wahren Islam zu vertreten, während sie die Gleichgültigen als Kommunisten abstempeln. Diese bezeichnen ihrerseits alle Strenggläubigen, ohne zu differenzieren, als Faschisten und fordern ein Verbot islamischer Vereinigungen. Um eine weitere Vertiefung der Isolation innerhalb der hiesigen Gesellschaft zu vermeiden und einen gemeinsamen Weg der Türken zur Integration zu finden, müssten die verschiedenen Gruppierungen untereinander mehr Toleranz aufbringen. Sie müssten versuchen, eine Interpretation des Korans zu finden, die eine adäquate Glaubenspraxis in der Bundesrepublik ermöglicht. Diese Toleranz aufzubringen, wird wahrscheinlich das größte Problem sein.

Eine Novität bezüglich der rechtlichen Stellung des Islam in der Bundesrepublik Deutschland stellt der Versuch islamischer Organisationen dar, den von ihnen vertretenen Islam neben den beiden christlichen Konfessionen zu einer staatlich anerkannten Körperschaft zu machen. [...] Die Konsequenz einer Anerkennung dieser Organisationen als Körperschaften öffentlichen Rechts wäre, dass sie als Anhänger eher fundamentalistischer Orientierungen des Islam einen Vertretungsanspruch für die Muslime in der Bundesrepublik für sich in Anspruch nehmen könnten. Damit verbunden wäre das Recht, von ihren Mitgliedern »Kirchensteuern« einzuziehen sowie den islamischen Religionsunterricht an Schulen zu verantworten. *Faruk Şen*

Muslime in Deutschland

Nach gegenwärtigen Schätzungen leben in D. derzeit bis zu 3 Mio. Muslime. Die weitaus größte Gruppe (über 2 Mio.) ist türkischer Herkunft, gefolgt von Muslimen aus dem Balkan, den arabischen Ländern, Iran, Afghanistan und Pakistan sowie kleineren Gruppen aus anderen islamisch geprägten Regionen. Dazu kommt eine wachsende Gruppe deutschstämmiger und eingebürgerter Muslime, die mittlerweile die Zahl von 100000 erreicht haben dürfte, damit jedoch nach wie vor nur einen geringen Anteil der Muslime in D. ausmacht. Die große Mehrheit gehört zu den Sunniten, von denen sich unter den türkischsprachigen Muslimen die Gruppe der Aleviten zunehmend abgrenzt und als eigene Religionsgemeinschaft organisiert. Schiiten iranischer Herkunft bilden ebenfalls eine größere Gruppe. Eine aktive Rolle, auch unter den deutschsprachigen Muslimen, spielen die beiden Zweige der Ahmadiya-Bewegung indo-pakistanischer Herkunft, die von den übrigen Muslimen meist als nicht islamisch angesehen werden. Insgesamt lässt sich feststellen, dass wohl keine andere Religionsgruppe in D. sprachlich, kulturell und religiös eine mit den Muslimen vergleichbare Vielfalt aufweist. [...]
In vielen deutschen Städten entwickeln sich kommunale Schwerpunktgebiete türkischer Bevölkerung mit einer eigenen Infrastruktur an Geschäften, Unternehmen und Vereinen. Hierzu gehörte bereits sehr früh die Einrichtung von Moscheen und die Gründung religiöser Vereinigungen. Wie bei Migranten allgemein verstärkte sich das religiöse Leben in der Diaspora, und auch bei denjenigen, die ihre Religion nicht oder kaum praktizierten, blieb der Islam meist ein wichtiger Bestandteil ihrer sozialen und kulturellen Identität. Für viele Muslime und Musliminnen in D. ließ sich seit den 1980er Jahren eine wachsende Orientierung an den religiösen Normen von Gebet, Kleidung und Alltagsleben feststellen, was mit erheblichen Spannungen und Konflikten innerhalb der muslimischen Gemeinschaften einherging. [...]
In D. selbst gewann gerade die religiöse Gemeindebildung für die Muslime zunehmend an Bedeutung. Neben der Rückwirkung der religiös-politischen Entwicklung im Nahen Osten (Iran, Türkei, arabische Länder) waren es die Bedürfnisse der sozialen Selbstbehauptung, Anerkennung und zugleich Abgrenzung, die zur verstärkten Betonung religiöser Normen bei Älteren wie Jüngeren, Männern wie Frauen beitrugen. Gerade die muslimischen Frauen und Mädchen wurden seitdem häufig als Träger und Symbole einer eigenständigen islamischen Existenz herausgestellt, die islamische Normen der Bekleidung und des Verhaltens speziell für Frauen besonders betont. Dies wurde von der übrigen Bevölkerung wie von den deutschen Behörden vielfach als Herausforderung empfunden und unterwarf die muslimischen Frauen und Mädchen besonderen Spannungen im öffentlichen wie im privaten Leben. – Die verbreiteten Einstellungen zum Islam und zu den Muslimen sind in D. immer noch zum guten Teil von älteren Stereotypen geprägt, in denen der Islam als exotische Chiffre für Mystik, Macht und Leidenschaft, aber auch als Bedrohung für Religion und Gesellschaft in Erscheinung tritt. Zwischen den doch sehr unterschiedlichen islamischen Staaten und Gesellschaften wird dabei kaum unterschieden. [...]
Der öffentliche intellektuelle Diskurs über den Islam wird jedoch seit der Iran. Revolution und der Rushdie-Affäre weithin von Diskussionen um Meinungsfreiheit, Menschenrechte und wiederum besonders um die Stellung der Frau bestimmt. Der Islam wird in aktuellen politischen Debatten nicht selten zum negativen Kontrastbild für die eigenen politischen und kulturellen Wertvorstellungen. Erst allmählich tritt daneben das Faktum einer wachsenden islamischen Gemeinschaft in D. selbst ins Bewusstsein. – Die Bemühungen der Muslime zielen insbesondere auf die rechtliche Anerkennung als Religionsgemeinschaft. Die Anerkennung des Status einer Körperschaft des Öffentlichen Rechtes, den

❖ Beschreiben Sie mit Ihren Worten, mit welchen Problemen der Glaubensausübung sich ein gläubiger Muslim in Deutschland konfrontiert sieht und wie er diese Situation empfindet.
❖ Welche verschiedenen islamischen Richtungen und Gruppierungen werden beschrieben?
❖ Faruk Şen hofft auf eine Aufhebung der Isolierung und auf Integration: Sind seine Überlegungen hierzu tragfähig?

die christlichen Kirchen und die jüdischen Gemeinden in D. genießen, scheiterte für den Islam bisher an der Vielzahl der islamischen Organisationen und Verbände und an offiziellen Vorbehalten gegenüber ihrer Verfassungstreue. Diese Bedenken wurden insbesondere durch die militante Bewegung des türkischen Hoca Cemalettin Kaplan (gest. 1995) genährt, der seit Anfang der 1980er Jahre offen die Errichtung eines islamischen Staates in der Türkei anstrebte und sich schließlich 1992 zum Kalifen ausrief. Sein Sohn und Nachfolger wurde 1999 verhaftet und angeklagt, die Ermordnung eines Dissidenten angestiftet zu haben. 2000 wurde er schließlich zu einer mehrjährigen Haftstrafe verurteilt. Die Bewegung zog zeitweilig viele türkische Jugendliche an, die bereits in D. aufgewachsen waren, isolierte sich jedoch durch ihre rigiden Ansprüche und ihren zunehmend exklusiven Charakter. Gerade bei den religiös Engagierten markierte sie damit eine wichtige Wasserscheide zwischen islamistischer Abgrenzung und dem Streben nach einer wirksamen Organisation muslimischer Interessen innerhalb der deutschen Strukturen. [...]

Außerhalb dieser u.a. türkischen Organisationen bestehen bedeutende islamische Zentren in Aachen und München, begründet von syrischen bzw. ägyptischen Exilanten der Muslimbruderschaft, sowie ein angesehenes schiitisches Zentrum in Hamburg, das seit seiner Gründung von einigen der prominentesten Gelehrten des Iran (u.a. dem Staatspräsidenten Khatami) geleitet wurde. Auch deutsche Konvertiten spielen in der Öffentlichkeit eine wachsende Rolle als Vermittler und Sprecher für die Interessen der Muslime. Nicht zu unterschätzen ist jedoch nicht nur im Fall der Türkei das Gewicht der Botschaften und Konsulate islamischer Länder, die intensiv darum bemüht sind, ihren Einfluss auf die religiösen Angelegenheiten ihrer Landsleute in D. zu erhalten. Angesichts der nationalen und kulturellen Vielfalt der Muslime bleibt nach wie vor offen, inwieweit der Islam in D. innerhalb bestimmter nationaler Minderheitsgruppen organisiert bleiben wird und inwieweit sich daneben eine eigenständige deutsch-muslimische Gemeinschaft herausbilden kann.

Stefan Reichmuth

Moschee in Cordoba (Spanien) als Symbol der religiösen Toleranz in der Geschichte

Statt eines Nachwortes

Wurzeln der Angst – das Feindbild der anderen Seite

»Seit dem ersten Tag seines Auftretens haben verschiedene Mächte versucht, den Islam niederzumachen und ihm seine Kraft zu nehmen. Und als sie dies nicht vermochten, versuchten sie ihn in den Schmelztiegel des Internationalismus zu packen, um ihn darin aufzulösen. Da der Islam von Gott eingesetzt und auf der Basis von Moral, Recht und Gerechtigkeit gestaltet wurde, ist er jedoch weiterhin fähig, allen Versuchen, ihn zu schlagen, zu widerstehen, gleichgültig ob sich diese Versuche in Form der Kreuzzüge, der kolonialistischen Eroberungen oder der zionistischen Okkupation äußern oder ob sie marxistischer, materialistischer, existentialistischer oder individualistischer Natur sind.«
Derartige Äußerungen wie diese von Anwar al-Ǧundī, einem der bekanntesten modernen Apologeten des Islam, in seinem 1982 erschienenen Buch »Der Islam und der Westen« (al-Islām wa l-garb) sind kennzeichnend für das Feindbild, das sich Islamisten heute gegenüber der westlichen Welt zurechtlegen.
Während unser Feindbild von der angeblichen islamischen Bedrohung jahrhundertealte Wurzeln hat, ist das Feindbild »Westen« in der arabischen Welt relativ jungen Datums. Im Rückblick werden zwar besonders die Kreuzzüge und auch die Vertreibung und Ermordung der Muslime (auch Juden) durch die christliche Inquisition in Spanien als erste Belege für den aggressiven Expansionsdrang des Abendlandes angesehen, doch zur Zeit der Kreuzzüge selbst ist in der arabischen Literatur von einem regelrechten Feindbild kaum etwas zu spüren. Den Ifrang oder Franken, wie die Kreuzfahrer pauschal genannt wurden, attestierte man zwar eine gewisse militärische Begabung, betrachtete sie ansonsten aber nur als eine der hin und wieder auftretenden Heimsuchungen durch ungebildete Barbaren, denen man sich zivilisatorisch haushoch überlegen fühlte.
Das Gefühl, durch den Westen in der eigenen kulturellen Identität bedroht zu sein, beginnt erst im 19. Jahrhundert mit der wachsenden Einflussnahme europäischer Staaten auf den Vorderen Orient um sich zu greifen – aber auch dann nur langsam und stets begleitet von einer mehr oder weniger großen Bewunderung für die technischen und naturwissenschaftlichen Leistungen des Westens und dem vor allem in gebildeten Kreisen weitverbreiteten Versuch, den Westen zu imitieren. Letzteres ist zwar vielfach auch heute noch zu beobachten, doch wächst vor allem in islamistischen Kreisen, aber nicht nur dort, eine regelrechte Angst vor dem Westen, eine auf uns gelegentlich geradezu irrational und paranoid wirkende Furcht vor amerikanischen, zionistischen, christlichen und schlicht westlichen »Verschwörungen« (mu'āmarāt). Ursache dafür ist jedoch nicht eine angeborene Irrationalität des orientalischen Menschen, was uns unsere eigenen Feindbildproduzenten so gerne suggerieren, sondern es sind handfeste historische Erfahrungen, die vor allem der Nahe Osten in den letzten beiden Jahrhunderten mit dem Westen machen musste. Aus heutiger islamistischer Sicht ziehen sich militante Aggressivität und kultureller wie wirtschaftlicher Expansionsdrang des Westens wie ein roter Faden durch die Geschichte der Beziehungen zwischen Orient und Okzident seit der ägyptischen Expedition Napoleons, die, so Ǧundī, »als Zivilisierungsoffensive und Kulturmission ausgegeben wurde, in Wahrheit aber ein kolonialistischer Angriff war«.
Die mit Frankreichs Besetzung von Algerien 1830 einsetzende massive europäische Einmischung in Nordafrika und im Nahen Osten wird von den Islamisten naturgemäß auch als bewusster Angriff gegen den Islam gedeutet. Und einige sehen in Englands Unterstützung für den bei uns mit dem Namen von T. E. Lawrence verknüpften »Aufstand der Araber« gegen die Türken im Ersten Weltkrieg den bewussten Versuch, arabische gegen türkische Muslime auszuspielen; die Tatsache, dass die Briten dafür den Arabern versprochen hatten, ihnen nach dem Ende des Krieges die Bildung eines unabhängigen, geeinten arabischen Reiches zu ermöglichen, während sie in Wirklichkeit mit Frankreich (im sogenannten Sykes-Picot-Abkommen) die Aufteilung des arabischen Nahen Ostens in Mandatsgebiete vereinbarten und damit die Grenzen für die späteren arabischen Nationalstaaten zogen, bietet sich als Beleg für diese These geradzu an.

Straßenschlacht zwischen palästinensischen Jugendlichen und der israelischen Armee in Nablus

❖ *Feindbilder verhindern eine realistische Wahrnehmung: Wo erscheint Ihnen die islamische Wahrnehmung des Westens unrealistisch? Durch welche Schritte könnte man diese unrealistischen Wahrnehmungen aufklären?*

❖ *Wo erscheint es Ihnen unrealistisch, wie die Nichtmuslime den Islam wahrnehmen? Durch welche Schritte könnte man diese unrealistischen Wahrnehmungen aufklären?*

Überhaupt sehen die islamistischen Theoretiker heute die Idee der Nationalstaatlichkeit als ein für den Nahen Osten verhängnisvolles europäisches Importgut an, weil diese letztlich zur Zerrissenheit der »islamischen Welt« geführt habe. Auch die – in der Regel nicht islamistisch gesinnten – Panarabisten sehen darin die Ursache für die Aufspaltung der »arabischen Welt«. Dass das von Mohammed im 7. Jahrhundert begründete arabisch-islamische Staatswesen nach knapp zweihundert Jahren bereits begann, in seine regionalen Einzelteile zu zerfallen – und dies ohne europäisches Zutun –, wird dabei meist verschwiegen. Einen breiten Raum nehmen natürlich in der These von der westlichen »Verschwörung« sowohl bei den Islamisten als auch bei den arabischen Nationalisten die Entstehungsgeschichte des Staates Israel und seine expansionistischen Tendenzen ein. Die über die Köpfe der Palästinenser und der übrigen Araber hinweg abgegebene Balfour-Erklärung der Briten 1917, mit der die Begründung des modernen Israel letztlich eingeleitet wurde, dient ihnen als erster Beleg dafür, dass Israel nichts anderes als ein Vorposten eines westlichen Neokolonialismus sei. Und als Kolonialismus, wenn auch in neuem Gewand, betrachtet man vielfach auch Bestrebungen des Westens, den Nahen Osten in wirtschaftlicher Abhängigkeit zu halten bzw. seinen eigenen Wohlstand dadurch zu sichern, dass man mit der Hilfe willfähriger Regierungen und – wie der Kuwait-Krieg zeigte – notfalls mit massiver militärischer Gewalt die Kontrolle über die Rohstoffquellen – Stichwort Öl – behält. Nicht aus Sympathie für den Despoten Saddam Hussein begrüßte mancher Araber offen oder heimlich gerade in jenen Staaten, die nicht mit Öl gesegnet sind, seinen Einmarsch in Kuwait, sondern aus der Vorstellung, die Gewinne aus den Ölquellen am Golf müssten allen Arabern zugute kommen, so illusionär uns eine solche Vorstellung auch erscheinen mag.

Neben dem politisch-militärischen Expansionsdrang des Westens […] wird von den Islamisten der westliche Materialismus (vor dem Zusammenbruch des Ostblocks auch in Gestalt des Marxismus) und der sich in sex and crime (ǧins wa-ǧarīma) äußernde moralische Verfall des Westens und seiner Nachahmer im Orient gegeißelt. Diesen Nachahmern wird unterstellt, dass sie Opfer von »Überfremdung, Säkularismus und Verwestlichung« geworden sind. Ebenso undifferenziert, wie vielfach unser Feindbild vom Islam gezeichnet wird, ist oft auch das von islamistischen Autoren entworfene Zerrbild vom Westen. Und sogar die Mosaiksteine, aus denen sich die beiden Feindbilder zusammensetzen, sind austauschbar oder verhalten sich komplementär zueinander. Hier die angebliche generelle Aggressivität der Muslime, dort die pauschalierte Aggressivität des Westens; hier die Unterdrückung der Frau, gepaart mit übersteigerter Sexualität des muslimischen Mannes – Stichwort Harem –, dort die durch die Aufgabe der Religion verursachte Unmoral. Und auch die Überhöhung der jeweils eigenen Kultur zeigt Parallelen. […]

[Allerdings: Viele] Veröffentlichungen vermitteln bei allem Überlegenheitsanspruch, den sie ausdrücken wollen, ein tiefes Gefühl kultureller Verunsicherung angesichts der wissenschaftlichen und materiellen Überlegenheit des Westens.

Gernot Rotter

Glossar

Abbasiden: Kalifendynastie in Bagdad (750–1258) 18
Abtreibung: 33f.
Ahmadiya: sunnitische millenaristische Bewegung (ursprünglich aus Pakistan) 21
Aleviten (»Ali-Verehrer«; Ali: Vetter und Schwiegersohn Muhammadas): haben kein einheitliches religiöses Dogma, verehren Ali und lehnen die Fünf Säulen des Islam ab 22
Arbeit, islamisches Verständni 35
Allah: arabisches Wort für Gott
Ayatollah (arab. »Zeichen Gottes«): hochrangiger Schriftgelehrter im schiitischen Islam
Djihad: siehe Dschihad
Dschihad (Djihad, Jihad): »Anstrengung«, »Kampf«, heiliger Krieg 36–38
Feste, islamische 12 f.
Fundamentalismus, islamischer 47–51
Gastfreundschaft: 32f.
Gebet (arab. »salat«): das tägliche Pflichtgebet 26f.
Hadith (arab. »Überlieferung«): Gesamtheit der Worte des Propheten Mohammed, die nicht im Koran enthalten sind
Hadsch (Hadj): Pilgerfahrt nach Mekka 14
Hidjra (Hedschra): Auswanderung Muhammads von Mekka nach Medina (622); mit diesem Datum beginnt die islamische Zeitrechnung 16f.
Hudud-Strafrecht 48f.
Imam: Vorbeter, Anführer, geistiger Führer des Islam
Islam (arab. »Hingabe« an Allah)
Jihad: siehe Dschihad
Ka´ba (Kaaba): zentrales Heiligtum in Mekka, nach dem die Gebetsrichtung (Quibla) der Muslime in aller Welt ausgerichtet ist; in dem 15 Meter hohen, 12 Meter langen und 10 Meter breiten stoffverkleideten Würfel ist in der Südostecke ein schwarzer Stein (Meteroit?) eingemauert, den zu berühren das Ziel aller Pilger ist 14
Kalif (arab. »Stellvertreter«): Nachfolger Muhammads, Oberhaupt der Sunniten 18
Khomeini: Anführer der schiitischen Ayatollahs, die 1979 im Iran die Macht übernahmen und die »Islamische Republik Iran« begründeten (ohne Trennung von Religion und Politik)
Koran: siehe Quran
Manichäismus 21
Menschenrechte 51
Mihrāb: Gebetsnische 10
Minbar: Gebetsstuhl, Kanzel 10
Mohammedaner: von Christen geprägte Bezeichnung für Moslems; wird von den Moslems nicht benutzt, da für diese nicht die Verehrung Muhammads, sondern die Ergebung in den Willen Allahs (Moslem) zentral ist
Moschee (arab. masgidun): »Ort, an dem man sich niederwirft« 10
Mudjaheddin: derjenige, der einen Dschihad ausübt 36f.
Muezzin: Gebetsrufer
Polygamie 33
Quibla: Gebetrichtung (zur Ka´ba in Mekka) 14
Quran (Koran): eig. »Lesung«; das heilige Buch Allahs 24–26
Ramadan: 9. Monat des islamischen Kalenders, Fastenmonat 12f.
Salam: Frieden (Friedensgruß: »salam alaikum«)
Saum: das Fasten im Ramadan 12f.
Schahada: islamisches Glaubensbekenntnis
Schari´a (arab. »der Pfad, dem man folgen muss«): Sittengesetz des Islam 47–49
Scheidung 35
Schiiten: Anhänger der Schia (Partei), islamische Glaubensrichtung (10–15 %) 30f., 22f.
Schleier (arab. »hijab«) 39f.
Sexualität 33
Stellung der Frau im Islam 39–42
Sufismus: islamische Mystik 23
Sunna (arab. »gewohnte Handlung«): prophetische Tradition, die neben dem Koran die zweite Quelle religiöser Normen darstellt 21f.
Sunniten: zahlenmäßig größte Gruppe im Islam (85–90 %) 20f.
Sure: Kapitel im Koran
Umaiyaden: arabische Dynastie; herrschte 661–750 in Damaskus und 756–1031 in Spanien 20f.
umma: islamische Gemeinde
Zakat (sakat): Armensteuer, Almosen 26

Verzeichnis der zitierten Quranstellen und Hadithen

(angegeben sind jeweils die Verse, Stichworte zum Inhalt sowie die Seite in diesem Heft)